# バッハ

## インヴェンチオのコスモロジー

## 丸山桂介

春秋社

Fr. Prof. Dr. Helga Thoene
gewidmet
in tiefer Dankbarkeit

# バッハ

## インヴェンチオのコスモロジー

# バッハの『インヴェンチオ』を繙く

## E Dur とクリスマスの奏楽

　ひとつの「声」、一片の「ことば」は或るときに、ひとりの人間によってなされた歴史上の闘いの「こだま」にほかならない。

　バッハは人の世に在って闘いの生涯を担う存在であった。

　誰に衝かれて、何のために、誰を念頭に闘いを挑んだのか――答は簡明であり、かつ不明である。

　バッハにとって音楽は、自らの手によって、そのようなものであることを響かせることによってのみ、在るべきその姿を現実のものにする可能性、可能態であった。

　一方向的に、世俗の塵にまみれて行く時代の流行を前に守らねばならない「音楽」のための闘い。流行の、耳に快い悦楽の響きを嫌ってバッハが立ったのはバッハの許へと、一片の使信として何処からか届けられる人智を超える、神聖な宇宙の法則・秩序を人々に開示する「音楽」への確信であった。と同時に、その「音楽」は自らの鋭意によってそれを傾聴し、自らの手によってそれを現実の響きとして響かせない限り、バッハにとって「音楽」は虚しいものに堕ちざるを得ないものであった。

　時代を支配しつつあった社会の風潮を目前に、自己を取り巻く環境の中でバッハは「音楽」を問う闘いの生を担った――楽譜帳に綴られてたかだか２頁にすぎないと思われるであろう『インヴェンチオ』の中に、しかし厳然としてバッハの耳に届いた「神聖な宇宙の法則」は「音楽」として響いている。

　今日、ピアノ演奏のための教材として扱われている『インヴェンチ

オ』が、バッハにおける「音楽」を修得するための教科書としての地位を改めて獲得するための、以下に記されるのは一片の「手引き」である。

　古代ギリシアに在ってバッハと同様に時代の風潮に対して闘いを挑んだプラトンの思想の解読が困難を極めて、その解釈の試みが一本の糸のように今日に及んで途切れることなく続いてヨーロッパという精神世界の背骨を成したのと同一の次元において、ヨーロッパがひとつの響きに化して結晶したのがバッハの「音楽」である。当然に、バッハの闘いがもたらしたひとつの実である『インヴェンチオ』を手にするものは、その楽譜を読む道を歩んでヨーロッパとは何かという問いを解く旅をすることになる——無伴奏ヴァイオリン・ソナタ BWV1003 の第 3 曲に与えたバッハの指針 andante に従って、即ち一歩を確実に、かつ正確に、われわれは自らの手で、バッハも歩んだであろう、その道を整えつつ歩を運ばねばなるまい。

　旅路は遥かに続く。旅路はしかし何時の日にか、終の地を望見させることになるであろう。

PART I

# 『インヴェンチオ』の地平

# 1

# ホ長調インヴェンチオと「喜び」のフィグーラ

　曲集の 15 の「インヴェンチオ」Inventio の中で唯一、反復記号によって曲の構造が決定され、かつ、絶えざるシンコペーション及びソプラノとバスの二つの声部の接近と離反がなされる E Dur の「インヴェンチオ」。この三点は各々に独自の作法に立って個としての働きを示しつつ、なお作品全体を基礎づける基を成しながら三者は合わさってひとつの「表現」、即ち響きとしての「作品」を形成している。

　或る作品が反復記号を持つことは、その作品の一部分ないし全体が単に反復されることを意味するのではなく、反復という事象が指し示している時間の流れの反復、或る特定の「時」の訪れが反復・繰り返され得るものであることを告げている。このことはバッハ的作品の表現領域において、何か繰り返され得る、もしくは繰り返されるべき必然の「時」の訪れ、即ち歴史と呼ばれる人間・宇宙の移ろい行く姿と、その移ろいの中に刻まれる「時」と「時間」の何であるかについて、かつそれが何によってもたらされるものであるのかという、時間をめぐる懐疑、別言して時間の存在論に関わる問いがそこに在ることを意味する。しばしば日常的次元において口にされる、歴史は繰り返されるという、その反復の意味についての問いと思索が E Dur の "Inventio" における第一の、かつ根源的検討課題である。[◆1]

　バッハは「時」と「時間」の流れ、「歴史」をどのようなものとして捉えていたのか。この問いはバッハの創作法の根幹をなすと判断されるコラール（旋律）を基礎素材＝基礎音列＝カノン（法則）とする創作法

の観点からこの "Inventio" を眺め、バッハがこの作品に織り込んだコラールの解析を俟つことによって明らかにされ得るであろう。コラールないしそれに相当する一本の「歌」こそが、バッハの思想体系において、世界に働きかけて「歴史」の根拠をなす宇宙的「法則」の響きであったと言い得るからである。

　次にシンコペーション／シュンコパチオ syncopatio はバロック期の音楽に多用されたいわゆる修辞法の一技法であり、二つの事柄を、二つの音をタイによって結びつけて音楽の流れを前に「詰める」技法であると同時に、上の歴史的時の流れに関わって或る「時」の訪れにこれとは異なる位相の「時」の流れが介入し結びつけられることによって新たな歴史の相が開示されることを示唆していると判断される。いわば宇宙における二つの異なる時間の位相としての地上的な時間と超越的な時間と、あるいは喜びの時と悲しみの、苦難の時との交錯を表わす技法のひとつである。

　またこれに加えて、ソプラノとバスの二つの声部、二つの声が歌い交わしながら相接近しては離反することによって上の二つの時の相の在り方が響きとして捉えられ、かつ、交差によって二つの時・響きの線が十字を切ることになる。果たして、時の十字、歴史的時間の十字架とはバッハにとって何を告げるべき形象であったのか。


　以上の事柄を具体的に音楽の響きとして表すために特定の、ほぼ一貫して同一の型として用いられる figura（音型）と呼ばれる、これも修辞法に属する作法をバッハは用いている。踊り跳ねる喜びの音型 figura がそれであって、この心踊る喜びの figura が E Dur "Inventio" では曲頭から終曲まで一貫してその姿を現している[2]［譜例 1］。その喜びの意味を捉えるために、これと同一の figura が用いられているバッハの他の作品から例を引いて喜びの内容を詳らかにしてみるのが恐らくは E Dur "Inventio" の根本的メッセージを探るための第一歩となるであろう。

膨大な量のバッハ作品にはここでの figura と同様の、特定の型を成す数多くの figura が用いられているが、個々の figura は単独で用いられるばかりでなく、幾つかの、特定の figura を共有する作品群が存在し、ひとつの figura によって幾つかの作品を結び合せるネットワークが見られる。そのネットワークは figura に拠るものであることから明らかなように、figura が告知する「意味＝そこに顕現されているもの」のネットワークを形成するのであって、この「意味＝表現意図」から E Dur "Inventio" のメッセージを解読するのが本書の目的である。即ち、そのような figura のネットワークを抽出することによって、他の "Inventio" の場合と同様に作品のアフェクト＝或る作品によって告げられるべき事柄の性格を把握して演奏の際に作り出されるべき響きのキャラクターを明確にすることが作品講解の主たる目的となる。

喜び跳ねる型は多くの例証を必要としない。二三の、確たる用例を目にしておけば、それがキャラクターの探求の確実な基礎を提示してくれるからである。後は、演奏者の感性がバッハの筆が描いた型に即して自らが喜ばしくもかろやかな響きの空間を刻み得るか否かが問われるのみである――例はほぼ降誕祭のカンタータに集中される。

降誕祭第一祝日<sup>◆3</sup>のための BWV63 の終曲（第7曲）［譜例2］及びそれと同様の展開を見せる同一の祝日のための "Weihnachts-Oratorium"（クリスマス・オラトリオ）BWV248-I の第1曲［譜例3］あるいは降誕祭第三祝日のカンタータ BWV151 の第1曲［譜例4］。

以上の曲例は降誕祭の音楽から取られていることからして楽譜の形そのものが明らかに響きのキャラクターを告げてはいるが、なおテキストを付してその意味を捉えておくのがより確実な figura の把握を可能にするであろうし、さらにはバッハと「歴史」の関わりについても照明は当てられることになるであろう。

BWV63 の第7曲、その冒頭部分のテキスト――

Höchster, schau in Gnaden an　　至高者よ、恵みをもって
　　　　　　　　　　　　　　　　　　　見て取りたまえ

diese Glut gebückter Seelen　　　この、身を屈めています
　　　　　　　　　　　　　　　　　　　魂の燃える炎を

　降誕への祝賀の喜びを歌う BWV63 は幼子イエスに対する讃美のカ
ンタータであり、その詞が告げるのはこの降誕によって何がもたらさ
れることになったのかと、人々に投げかける問いであり、さらには喜びの
源泉である確信、死に対する存在の不安に対極をなしてわれわれに神か
ら贈られた、永遠にわれわれを満ち足りたものとする救いと恵みへの感
謝である。その感謝の念に目をとめたまえと至高者に呼びかけるのは、
目をとめる、眼差しを注ぐことが神の恵みのもたらされることを明確に
する神の働きを表すからである。人の魂がへり下って感謝の念を表明す
る gebückter Seele という gebückt は重みを担って腰が曲がることで
あり、本来、自らの魂が担うべき罪の重みと、それを取り除いて罪から
解き放ってくれるであろう幼子イエスへの讃美の念の重みと、さらには
自らに与えられる神の恵みの重さのゆえに魂、即ち人の存在そのものが
自ずと身を屈めることの、ことばによる絵画的表現＝ミメーシスである。
　ベツレヘムに歩んで降誕のイエスに自らの頭を、存在を屈して礼を尽
くすこの情景は、降誕に際しての羊飼い達の幼子イエスへの、また三王
の、礼拝を描いたキリスト教絵画に親しい素材であり、新約・マタイ及
びルカの福音書の各第 2 章に記されたことの画像化されたものであり
ながらも、しかし表層の喜びを超えてはるかに、15 の『インヴェンチ
オ』の全体と深く関わる『ロ短調ミサ』における冒頭の "Kyrie
eleison"（主よ　私達に憐れみを）に聴く、祈る魂の叫び声と表裏をなす
ものである。

　ルカに記された羊飼い達への降誕の告知とベツレヘムでの参拝は同じ

ルカ福音書第1章に告げられているマリアの受胎告知、即ちマグニフィカートのテキストに見られるマリアの感謝の言における「貧しい者への神の配慮」と一体をなすものである。

他方の、マタイによる三王の礼拝の記述にははるかに複雑な問題が含まれている。

三王は東方の三博士とも呼ばれることから明らかなように本来、東方＝オリエントの学者、それも天文学を始めとする諸学を修めるペルシアの学僧を指している。バッハも座右に置いていたオレアリウスの『聖書註解』には次のような説明が見られる。[◆4]

　　学知を修めたこの者達 Weisen はいわば大学者であって自然学、形而上学、天文学、政治学を［究める］……

即ちイエスの誕生に際して、天文観測による既存の宇宙に対して、それを超える新たな、神聖な宇宙の誕生がなされたとマタイは告げているのであって、クリスマスの喜びはその始源をこの聖なる宇宙の誕生に置いている。

聖書の記述は多くの事象を一種の物語のような言語で語りかけている。従って、ときにその物語の中に隠された事柄を読むことが読者に要求されることになる──ルカ2における羊飼い達への告知に際して「天の軍勢」が讃美の声を高くした旨が記されているが、この「天の軍勢」はマタイにおける新たな、神聖な宇宙の万象を指している。

教会音楽であるミサのための音楽は、元々はローマ・カトリック教会の典礼に用いられるテキストの一部に作曲されるものであるが、そのテキストのひとつ、サンクトゥス Sanctus の詞文の中の「万軍の主なる神」Dominus Deus Sabaoth に歌われる「万軍」Sabaoth こそ、ルカ・テキストが指し示している新たな宇宙を成す万有にほかならないのであって、このような観点からすればルカが語る羊飼い達の素朴な情景

の中にもマタイと共通する宇宙論が述べられていることになるのである。詳しくは 13・14 頁および 43 頁以下、詩篇 24 を軸とした「天の軍勢」を参照[譜例 5]。

　E Dur "Inventio" における figura の喜びは、まさしくこれまでの既存の宇宙が終末を迎えて新たな宇宙に取って代わられることへの踊る魂の喜びにほかならない——マタイとルカ、ミサ典文の Sanctus の概要は以下のようになる——

　　イエスの降誕時に「占星術の学者たちが東の方からエルサレムに」来て問うた。
　　「私たちは東方でその方の星を見たので、拝みに来たのです」(マタイ)

　　野宿をして夜通し羊の群れの番をしていた羊飼い達に主の天使が近づき主の栄光が周りを照らした……天使の告知「わたしは……大きな喜びを告げる……救い主がお生まれになった」……すると、突然、この天使に天の大軍が加わり、神を讃美して言った。
　　　いと高きところには栄光、神にあれ……(ルカ)

　　Sanctus
　　Dominus Deus Sabaoth
　　聖なるもの、万有を治める主なる神(サンクトゥス・テキスト)

　BWV63 の、そのテキストへの付曲に当たってバッハはまさに上の詞の「身を屈めています」を扱って第 7 曲の 14 小節目から 18 小節目までをア・カペラの、通奏低音及びバスのパートを削除した形でまとめている[譜例 6]。通奏低音を削除してその前後の部分と異なる特別の響きを作るのは、バロック様式の中では明確な意図的作法であり、この場合は低音・バス＝地上的なものを表すと判断して、これを欠いて形成され

るのはそれが天空に浮遊する聖なるものの響く形象だからである。即ち天空から訪れ来る「聖なるもの」と、地上的＝人の世界の欲を捨てて聖なるものへと脱我する浄められて浮遊する魂との出会う瞬間の響きである。

　しかもバッハ作品におけるこれも広範に用いられた作曲＝語法のひとつであるゲマトリアと呼ばれる数的表象による表現法からすると 14 小節目の「14」はキリストを象徴して 14＝7＋7 であり、さらにこれをゲマトリア手法の観点から判読して得られる 7・7→77 の「77」は＝Agnus Dei「神の子羊」を表す数であり、さらに小節数 14→18 の和、14+15+16+17+18 は 80 であって、この数「80」はルカ 1,47 に歌われる「マリアの讃歌」Magnificat 冒頭の詞「私の魂は主を崇めます」というマリアの讃歌にある「崇めます」magnificat＝80 のゲマトリアであることからして、これが BWV63-7 における「音型」上の関連性と共に E Dur "Inventio" と "Magnificat" との深い関連性を示唆することになるのである。[6]

　なお BWV63-7 のテキストの背後には旧約聖書の詩篇 95 の、特に 1・2 節が存在するという指摘は傾聴に値する。[7]

　　主に向かって喜び歌おう。
　　救いの岩に向かって喜びの叫びをあげよう。
　　御前に進み、感謝をささげ
　　楽の音に合わせて喜びの叫びをあげよう
　　（95,1・2　新共同訳。──以下、原則として聖書の日本語訳は新共同訳から引かれる）

　だがバッハ的宇宙観から眺めた場合に、同じ詩篇の 4-7 における宇宙の創造に関する記述は併せて重要な意味を持つ、と言わなければならない。

深い地の底も御手の内にあり山々の頂も主のもの。
海も主のもの、それを造られたのは主。
陸もまた、御手によって形づくられた。
わたしたちを造られた方。
　　　主の御前にひざまずこう。
共にひれ伏し、伏し拝もう。
主はわたしたちの神、わたしたちは主の民
主に養われる群れ、御手の内にある羊。
今日こそ、主の声に聞き従わなければならない。

　確かに BWV63-7 あるいは 63 の全体は降誕に集中されるものではあるが、しかし降誕に直接して宇宙の創造を計画・実行してその全体を治める「至高者」の存在は歌い語られているのであって、テキストの表面にその姿を現さない場合ですら、一曲のカンタータの、あるいはひとつの「作品」の背後で密かにこの「至高者」の姿が彫り刻まれるのがバッハの音楽である。

　加えて、詩篇 95 の創造への言及に続いて語られる第 7 節の詞「主はわたしたちの神、わたしたちは主の民／主に養われる群れ、御手の内にある羊」はルター派教会の神学にとって、従ってバッハが思索・探求した世界にとって極めて重要な役割を果たした詩篇 23,1 ＝「主は私の羊飼い」並びにここと結びつけられるヨハネ 10,12（11）におけるキリスト・イエスの言「私は良い羊飼い」に直接している。幼子イエスはやがて十字架に架けられることによって人の重い罪を取り除き、羊として描かれる人々を牧し、併せて宇宙という万有を治める「万軍の主なる神」Dominus Deus Sabaoth が即ちいま降誕の幼子イエスとして讃美される、というのがルター派バッハの考えである。

　なお、詩篇 95 とその内容において深く関わる詩篇 132 及びイザヤ

61、エレミヤ31等において説かれている、降誕の意味をめぐっては PART II の "Magnificat" の解析に際して改めて取り上げられる。

　次に『クリスマス・オラトリオ』BWV248-I の第1曲の詞は上の BWV63 にほぼ一致することからして改めての検討を必要としないと判断される。

> Jauchzet, frohlocket, auf, preiset die Tage,
> Rühmet, was heute der Höchste getan!
> Lasset das Zagen, verbannet die Klage,
> Stimmet voll Jauchzen und Fröhlichkeit an!
> 　Dienet dem Höchsten mit herrlichen Chören,
> 　Laßt uns den Namen des Herrschers verehren!

> 歓声を上げよ、喜び踊って讃えよこの日を
> 讃美せよ、今日、いと高き方がなされたことを
> 捨てよ臆する心は、追い払って嘆きを
> 声を整えよ、歓喜と喜びに満たされて
> 　奉仕するのだ、いと高き方に晴れやかな合唱で　壮麗な天の軍勢と共に
> 　われらを治める方の御名を崇めさせよ

　上記の BWV248-I の第1曲に対して BWV151 の第1曲の詞には降誕を異なる角度から捉えてキリスト・イエスの「来る」ことが説かれている。これも「羊飼い」と同様にバッハの音楽世界に決定的な意味を持つ事柄である。やはりここでも最初の2行が問題になる。

> Süßer Trost, mein Jesus kömmt,　　（天上からの）甘き慰め、私の
> 　　　　　　　　　　　　　　　　　　イエスが来られました、[8]

Jesus wird anitzt geboren.　　　　イエスがいま生まれ

　　　　　　　　　　　　　　　　　たもうたのです。

　BWV151 は 1725 年の 12 月 27 日、即ち降誕祭の第三祝日に演奏されている。バッハの時代にライプツィヒの教会でも降誕の第三祝日は礼拝の主たるテーマがヨハネ 1,1–14 によるロゴスの受肉と同じヨハネ 21,20–24 による、イエスの弟子福音のヨハネについてのそれと、年毎に交替している。1725 年は前者のヨハネ 1,1–14 による礼拝式が執り行われている。従って「イエス来ます」というのがヨハネ 1,14 に基づく言表であるのは明らかである。

　　言は肉となって、わたしたちの間に宿られた。わたしたちはその栄光を見た。それは父の独り子としての栄光であって、恵みと真理とに満ちていた（ヨハネ 1,14）。

　父なる神の独り子としてのイエスの降誕をロゴス＝ことばの受肉として描いたのがヨハネ福音書であるが、バッハの捉えた「来ます」という問題はヨハネ 1 に限定されない多面的な形態をとりながらもなお、その究極においてヨハネ的「神の国」の到来に収斂されるであろうことはヨハネの受難物語に付曲したその受難の音楽 BWV245 の中で、イエスの言に現れる「私の国＝神の国」の強調表現及び、バッハ作品の中で繰り返して用いられる数「144」によるヨハネ的「神の国＝天のエルサレム」到来の祈念等から容易に推定される。この「神の国」を背景に、以下にバッハの音楽世界における「来る」ことの意味について、これに関する表現の具体的方法・figura として恐らくは最重要な役割を果たしたと考えられるコラール "Nun komm der Heyden Heyland" を講解しつつ検討し、その後に改めて BWV63–7 の喜び歌う問題に帰る[9]。

# 2

# 訪れ来るものによってもたらされる「喜び」
## 「到来」とは何か

　バッハの音楽表現において「来る」ことが第一にキリストの到来を指すことは改めるまでもないが、その到来が降誕における宇宙的視点及びマタイ21に拠るエルサレム入城＝受難・十字架への到来という、楯の両面の在り様をなして複雑な関係を示している。そうした「到来」の問題を多数の作品の中で説き問い続けてバッハは飽きることがなかったように見えるが、「到来」に関するバッハの意識の中心には常に上記のコラール "Nun komm der Heyden Heyland" が響いていたと判断される。多数の作品のなかでこのコラールが音楽世界の基として陰に陽に、その響きをわれわれに伝えているからである。従ってここでこのコラールについて検討し、併せて宇宙と十字架への到来を中心点とする「到来」と呼ばれる出来事に関するバッハ的視点・表現について考えておくのがここで取り上げている "Inventio" の更なる理解をも深めることになると思われる。

　コラールは本来教会暦ないし教会規定といった、その使用を指定したものに従って使われる。そのため、何か或るコラールを取り上げた時点で、このコラールを組み込んだ音楽作品の表現上の中心点あるいは少なくともその作品の表現の問題点の所在がそのコラールによって決定されることになる。コラールはつまり単なる音楽上の素材としてではなく、むしろ教会的・神学的素材として取り扱われるべきものである。
　ルター派教会のコラールに関する規定によれば当該の "Nun komm

der Heyden Heyland" はアドヴェントの第一主日に歌われるコラール
であり、例えばバッハもその内容を高く評価した『ドレスデン聖歌集』
では曲番「1」として聖歌集の冒頭、アドヴェントの主日の始めを飾っ
ている。当然のことながら、このコラールがバッハにとって重要であっ
たのはバッハの個人的好みにのみよるものではなく、教会暦という教会
の活動の、時空の「はじめ」においてこれが決定的な役割を果たしたか
らであると言わねばならないであろう。

　教会暦に従って言えば、いま来ます主・キリストの到来によってもた
らされる新旧の「時空」の、即ち宇宙的、人の存在の場の交代によって
可能になる新しい世界、より正確には神律によって整えられた理想的世
界の到来がこのコラールによって告知されることになる。以降の、1年
間の教会の活動においてこの世界の根拠について、降誕と十字架と復活
と、そうしてキリスト・イエスの言行についての説明・註解が展開され
て行くことになる。これを要するに「時」の転換のそのときに、このコ
ラール Nun komm der Heyden Heyland は歌われることになるのであ
る。降誕祭に先立つ4週に亘るアドヴェントと呼ばれる期間のために
この一片の歌の他に多くのコラールが存在したにもかかわらず、バッハ
がこの「はじめ」＝アドヴェント第一日曜のために纏めたカンタータ
BVW61・62・36 ではいずれもこの「1」番のコラールが曲の基をなし
ていることが、そうしたバッハ的「時の構造」を充分に証明している。

　このコラールのテキストは8節に亘って少しく長文であり、降誕祭
に先立つアドヴェントの事柄を神学的に、キリストの到来の意味を教会
の会衆が歌う際に理解し易い歌詞として述べたものであって、これをま
とめたのはルターその人である。テキストの伝えることの検討に取り掛
かる前に、しかし次のことは理解されておく必要があろう。ルター派教
会の基をなす特例的事柄がこのコラールにも、かつこのコラールを糸口
のひとつとして辿り着き得るバッハ音楽の根幹にも、深く関わるからで

ある。

1) クリスマスに先立つアドヴェントの期間は宗教改革以降は4週に亘るという判断が定着し、バッハの時代にもこの期間は主の到来Adventへの心の備えをするための期間としてライプツィヒの教会では禁欲期に指定されていた。禁欲期には礼拝式での音楽の使用も制限され、日曜礼拝でのカンタータの演奏も差し控えられていた。但し、この期の最初の主日、アドヴェントの第一日曜は教会暦上の、教会の年間の活動の最初の日曜でもあるため、これを祝してカンタータの演奏も行われていた。ライプツィヒ期以前のバッハのカンタータにアドヴェントの他の主日のための作品がありながら、ライプツィヒ期では第一日曜のためのBVW61・62・36のみが残されたのはそのためである。

2) 教会暦上の日曜・祝日における礼拝で用いられ、朗読され講解（説教）される聖書の（一部分の）テキスト、いわゆるペリコーペ（一段落）は原則として礼拝毎に異なる部分が選ばれる。或るペリコーペは即ち年間を通して一度だけ用いられる。だがルター派教会では、ルターその人が生前に行った説教で、この主日のために繰り返して取り上げられたマタイ21,1–9をこの日のペリコーペとして指定したため、この聖書詞句のみ年間に2回用いられることになった。この詞句は本来十字架の金曜に先立つ日曜、棕櫚の日曜のペリコーペとして中世以来用いられていたからである。ルター派教会では即ちローマ・カトリック教会とは異なって「到来」を問うてアドヴェントと棕櫚の日曜、ひいては棕櫚の日曜から十字架の金曜に至る週日のフレーズの中に浮かび上がる受難の問題をマタイ21,1–9に拠ってひとつに結び合わせたのである。そのため、バッハの音楽の中でもアドヴェントの到来への待望と降誕及び地上のキリスト・イエスが最後の時を過ごされて十字架につけられるエルサレムへの入城＝到来が重ね合わされて、ひとつの視点から二つの主日が捉えられることになったのである。ここにバッハの音楽における降誕の讃美が十字架の受難の響きといつの時にも一体化されている根拠が存在

◆10
する［図版1］。

　その典型的な一例を『クリスマス・オラトリオ』第1部に見ること
が出来る。クリスマスの降誕を讃美する祝賀の響きの中で歌われるコラ
ール、第1部第5曲はバッハが『マタイによる受難の音楽』の中でく
り返し用いた、要するに十字架のコラールである。

　　マタイ 21,1-9

　　　一行がエルサレムに近づいて、オリーブ山沿いのベトファゲに来
　　たとき、イエスは二人の弟子を使いに出そうとして、²言われた。
　　「向こうの村へ行きなさい。するとすぐ、ろばがつないであり、一
　　緒に子ろばのいるのが見つかる。それをほどいて、わたしのところ
　　に引いて来なさい。³もし、だれかが何か言ったら、『主がお入り
　　用なのです』と言いなさい。すぐ渡してくれる。」⁴それは、預言
　　者を通して言われていたことが実現するためであった。
　　⁵「シオンの娘に告げよ。

　　　　『見よ、お前の王がお前のところにおいでになる、

［図版1］　アルント『説教集』
より挿絵

柔和な方で、ろばに乗り、

　　　荷を負うろばの子、子ろばに乗って。』」

　⁶弟子たちは行って、イエスが命じられたとおりにし、⁷ろばと子
ろばを引いて来て、その上に服をかけると、イエスはそれにお乗り
になった。⁸大勢の群衆が自分の服を道に敷き、また、ほかの人々
は木の枝を切って道に敷いた。⁹そして群衆は、イエスの前を行く
者も後に従う者も叫んだ。

　　　「ダビデの子にホサナ。

　　　主の名によって来られる方に、祝福があるように。

　　　いと高き所にホサナ。」


　上のテキストの最後の部分、21,9 は同じマタイの 23,39 並びにルカ
13,35 にも重なるが、ローマ・カトリック教会が用いているラテン語聖
書・ウルガタ版では伝承に異稿があって「来る」ことの意味は必ずしも
容易に特定し得ない。いまはラテン語聖書に言う「来る」を venit＝動
詞の現在形で捉えておけばよいであろう。それによって、以下に記され
るように、教会の典礼の最中に「いま」到来されるキリストを迎えるこ
との中に、単なる現在を超えた「来るもの」による時間の切迫感がもた
らす鋭い緊張が歓迎・喜びを射し貫くことにもなる。日本語訳（マタイ
＝ルカ）とウルガタ版（ルカ）は次のようである。


　　マタイ 21,9　　主の名によって来られる方に、祝福があるように＝
　　　　　　　　　ルカ 13,35
　　　　　　　　　benedictus qui venit in nomine Domini（ウルガタ、
　　　　　　　　　ルカ、13）


　ルカの、上に引いたラテン語聖書詞句は音楽の領域ではミサ通常文の
テキストとして重要である。元々は「サンクトゥス」Sanctus の一部分

として扱われていた「ベネディクトゥス」Benedictus が、曲によっては独立した部分として付曲されて "Benedictus" の一章をなすことがある。バッハの『ロ短調ミサ』は後者の例である。但し、切り離されてSanctus＝Benedictus の形を取る場合、とりわけて例えばバッハの作例において、ミサの音楽の作曲に際して用いられるミサ通常文の文脈から離れて人々の歓迎を受けていままさに到来される「祝福された方」Benedictus へと、到来を待望する人々の関心は集中されることになる。

　次の詞がミサ通常文の一部、Sanctus である（土屋吉正訳）。

　　　Sanctus, Sanctus, Sanctus Dominus Deus Sabaoth
　　　Pleni sunt caeli et terra Gloria tua.
　　　Hosanna in excelsis
　　　Benedictus qui venit in nomine Domini
　　　Hosannna in excelsis
　　　聖なるかな、聖なるかな、聖なるかな、万軍の神なる主。
　　　主の栄光は天地に満つ。
　　　天のいと高ところにホザンナ
　　　ほむべきかな、
　　　主の名によりて来たる者。
　　　天のいと高き所にホザンナ。

　これに対して、試みにこの部分をバッハの『ロ短調ミサ』の中から取り出してみるに Sanctus 以下は次のように構成されている。またテキストの Sanctus に続く次の Agnus Dei の段落では、到来する Agnus Dei の末尾に置かれる Dona nobis pacem が切り離されて独立した部分を形成している。

　Agnus Dei＝神の子羊は、ここでは新約聖書の末尾に置かれた「ヨハネ黙示録」に記された天上の、栄光の座に就かれた Agnus Dei を表し

て、この栄光の主キリスト＝Agnus Dei への心の平安を祈念すべく曲は構想されているのであって、その結果「聖なる方」Sanctus＝「到来される祝福された方」Benedictus＝「栄光の主キリスト」Agnus Dei が明確にひとつの像を結んで響くよう構成されることになった。Sanctus 以下「平安」の祈念に向かって音楽はその響きを深くして行く。ミサの音楽として付曲された通常文の各部分に耳を傾けるばかりでなく、バッハの構想を通読して「平安」が天のいと高きところ in excelsis に由来するものであることを把握することが、バッハの創造の世界の根源を開示してくれるであろう。

　Osanna は「天のいと高きところ」in excelsis にあって即ちミサ典礼文の「グローリア」の呼び声 Gloria＝Gloria in excelsis (Gloria は天のいと高きところに) に等しく、Gloria のラテン語文に、もしもバッハがギリシア語の原語を重ねていたのであれば、Osanna の呼びかけが向かうところの Gloria は栄光の主の「存在の重み」神の「重い存在」を表わす「ドクサ」 $\delta o \xi \alpha$ への讃美にほかならないことになる。壮麗な、栄光の主の存在の重みは Osanna に応えて、いと高きところから降下して宇宙の、天と地を満たしてまさしく「到来」の 'とき' は整えられているのである。これも『ロ短調ミサ』を特色づけるものである。以下の 1) は曲の配列順、2) は各曲に用いられたテキストの構成である。[11]

1)
Sanctus　　Osanna‐Benedictus‐Osanna　　Agnus Dei‐Dona nobis pacem

2)
| Santus Dominus Deus | 聖なるもの、 |
| Sabaoth | 万軍を治める主にして神 |
| pleni sunt coeli et terra | 満たされたのだ、諸々の天と地は |

| | |
|---|---|
| gloria tua | あなたの栄光によって[12] |
| Osanna in excelsis | オザンナは天のいと高きところに |
| Benedictus qui venit<br>　in nomine Domini | 祝福されたもの、その方が（いま）<br>　主の名において来られます（故） |
| Osanna in excelsis | 天のいと高きところにオザンナ |
| Agnus Dei qui tollis peccata<br>　mundi<br>miserere nobis<br>Agnus Dei qui tollis peccata<br>　mundi | 神の子羊、世の諸々の罪を<br>　取り除かれる方<br>憐れみを　私達に<br>神の子羊、世の諸々の罪を<br>　取り除かれる方 |
| Dona nobis pacem | 与えたまえ　私達に　平安を |

　なお上記の Sanctus 文の出典箇所である「ヨハネ黙示録」の中の
"Sanctus" について述べるテキストは次のものである。

　……[2] 見よ、天に玉座が設けられていて、その玉座の上に座ってい
る方がおられた……
　[4] 玉座の周りに二十四の座があって、それらの座の上には白い衣を
着て、頭に金の冠をかぶった二十四人の長老が座っていた……[6] 玉
座の中央とその周りに四つの生き物がいた……[8] 彼らは、昼も夜も
絶え間なく言い続けた。
「聖なるかな、聖なるかな、聖なるかな、
全能者である神、主、

かつておられ、今おられ、やがて来られる方。」
……[10] 二十四人の長老は、玉座に着いておられる方の前にひれ伏して、世々限りなく生きておられる方を礼拝し、自分たちの冠を玉座の前に投げ出して言った。
[11]「主よ、わたしたちの神よ、
あなたこそ、
　　　栄光と誉れと力とを受けるにふさわしい方。
あなたは万物を造られ、
御心によって万物は存在し、
　　　また創造されたからです。」（ヨハネ黙示録4,2–11）

　Sanctus は「聖なるもの」に向かって歌われる讃美。上記のヨハネ黙示録の第4章に描かれた「天上の礼拝」で歌われて明らかなように、この、天上に響く讃美の声が天空から万有を包み込んで宇宙が Sanctus の呼び声に満たされるそのときに pleni sunt［満たされています］coeli et terra［天と地は］gloria tua［あなたの栄光／存在によって］「讃美を受けられた方」Benedictus が到来される[13]［図版2］。ルターがマタイ21,9の「ホサナ」について説く讃美の詞をオレアリウスが引いて次のように言う。[14]マタイ21,9に引用されたゼカリア9,9に重ねての言――

［図版2］　プレトリウス『音楽大全』第2巻の巻末「楽器図鑑」冒頭を飾る図版

……ゼカリア 9,9、ルターの言が証する…Sensus : Jam canjmus Hosanna Messiae…filio Davidis, Salva nos, obsecramus, tu qvi in altissimis…まさにいまこそダビデの子、私達の救い主、メシアへの Hosanna ［Osanna］ という救いの嘆願を私達は歌います。私達を救いたまえ、私達は厳かに訴えます、いと高き所にいますあなたに……

　天空を満たす Sanctus 以下の讃美の声に応える「聖なるもの」「讃美を受けられた方」が Christe eleison キリストよ憐みを、に意味を等しくする Hosanna／Osanna の叫び声の中に顕現され臨在される。教会で執り行われるミサの典礼の最中に「神の子羊」Agnus Dei として。十字架の、平安をもたらすものとして。その「神の子羊」への、しかし平安の感謝・祈願の歌がそのときに響く――Dona nobis pacem　与たまえ　私達に平安を。

　このような視点からすれば、ミサ典文の冒頭を飾る Kyrie eleison は Kyrie（主よ）＝Sanctus／Agnus Dei に、eleison（憐れみを）は miserere nobis（私達に憐れみを）に各々対応していることになる、のみならずバッハはそのように『ロ短調ミサ』を構想している。

　近づきつつあるというラテン語の動詞 venio にはまた「夕食会に来る」の意味があり、聖書に記されたいわゆる最後の晩餐を型取った教会の典礼であるミサにおいて、キリストが「来る」venit という現在形が用いられるのは当然といえば当然ではある。だが聖書に描かれた受難物語の中から最後の晩餐という食事の場面を切り取って、そこに宇宙論をその背景に持つ「到来」の問題を重ね、これをミサという典礼の中に定位させた人間の思索の中に、まさしく輝かしい人間の叡智が存することに注意が払われて然るべきである。

　改めるまでもなく、BWV61 の第4曲にバッハがヨハネ黙示録3の

20 の詞をとって「私は来て扉の前にいる」というキリストの言を付曲するとき、即ち教会の典礼におけるキリストの「来て居ること」venit こそが響いてわれわれの耳に告知されることになるのである（後述 BWV61-4 の分析を参照）。同時に、象徴的な図像の面から言えば「教会」は「エルサレム」ないし「宇宙」を指すことからして、BWV61-4 の venit はミサ典礼文における Sanctus-Benedictus 即ち聖なるものの讃美を受けての到来に重なることになる。こうしてアドヴェントの第一主日のカンタータで祝賀されるキリストの「到来」はマタイ 21・1-9 を軸に受難の音楽に重なり、さらにはそこから Sanctus-Benedictus に関わってバッハの創作の世界における到来・降誕と受難はミサに収斂され、そこから再びカンタータに還って宇宙的ウロボロスの円環をなすことになるのである。

　別言して——バッハの『ロ短調ミサ』における Benedictus は「教会」という形姿をとっている「エルサレム」での食事に来られるキリストを、ロ短調という受肉の調性＝宇宙内への「いと高き所」in excelsis からの到来＝ミサにおける臨在を描いて直接間接に E Dur "Inventio" における到来に結びついている。より詳しくは後述されるように E Dur "Inventio" にはこの曲の背景をなすルカ福音書に描かれているマリアへの受胎告知と、マリアの許を訪れ到来した天使によってなされる告知に対応して発せられるマリアの感謝のことばである「マグニフィカート」が響いているが、マタイ 21,1-9 に拠って執り行われる礼拝の、キリスト・イエスのエルサレムへの入城・到来を記念するいまひとつの主日、棕櫚の日曜日は時折 3 月 25 日の日付をとって、同じ日付の受胎告知の祝日と重なることがあり、マリアへの受胎告知＝幼子イエスの誕生＝十字架への到来の問題が一体をなして教会の活動の中でひとつのキリスト像を彫琢することになるのである。

　教会暦がキリスト教会の成立期からルネサンスにかけての長大な歴史の中で、論議を重ねながら徐々に形成されて来たものであることを考量

するとき、このようなキリスト像の形成の中に聖なるものと向き合う人間の深く長い思索の描く軌跡を読むことが出来るであろう。教会暦・暦は人間と宇宙を包む時間に関する、これもやはり人間の思索の結晶であって、時間とは、ひいては歴史とは何かという問いに対して人間が下した定義の内容を教会の年間の活動という地上的時間の流れの中に具体化させたものである。バッハはその教会暦の流れに立った人間であり、教会暦という時の刻みの中で自らの作品についてその構想を練った人間である。たとえ小さな "Inventio" であってもわれわれはその中に如上の、彫大な時の流れを要した人間の思索が響いているという事実を忘れてバッハの作品を手にすることは出来ない。

　このような「到来」の諸相を前提に、以下にコラール "Nun komm der Heyden Heyland" の検討を行う。

　詞は4世紀ミラノの司教アンブロジウス作のラテン語詞をルターがドイツ語訳したものである。コラール詞は8節。マタイ21に描写されたエルサレム入城の問題からマリアへの受胎告知、さらには降誕が扱われているが、単に広範に及ぶ種々のテーマを取り上げているばかりでなくいささか難解な神学上の主張も織り込まれているところに、このコラール詞の理解の困難さがある。併せて、バッハは第一アドヴェントの3曲のカンタータ BWV61・62・36 でこのコラールを使用してはいるが、全8節の詞の全てを使用したわけではなく、1・6・8節を取り出して、これに他のコラールの詞を組み合わせ、さらに宗教的自由詩を使って上に見た種々のテーマを音楽によって講解したのである。

　次にカンタータの一例として BWV61 の構成をテキストの側面から捉え、その中から E Dur "Inventio" との関係を視野に、コラール詞の主要な部分・問題点を取り上げてこのコラールに託したバッハの考えを調べてみる。BWV61 の構成並びに3曲のカンタータにおけるコラール詞の使用は次のようになっている。

BWV61

  1　コラール詞第 1 節

  2　レチタティーヴォ（コラール詞の内容を説く自由詞）

  3　アリア（自由詞　教会へのイエスの到来と、教会への祝別の祈
　　　願）

  4　レチタティーヴォ（キリスト・イエスの教会への到来、そのイ
　　　エスと共にする食事を説くヨハネ黙示録 3、20 のテキスト）

  5　アリア（到来されたキリストによる、信者の心の喜び、自由詞）

  6　コラール詞（BWV1、その他に用いられたコラール「美しい明
　　　けの明星」の最終部分）


コラール詞

BWV61　　第 1 節（第 1 曲）

BWV62　　第 1 節（第 1 曲）

　　　　　　第 8 節（第 6 曲）

BWV36　　第 1 節（第 2 曲）

　　　　　　第 6 節（第 6 曲）

　　　　　　第 8 節（第 8 曲）


第 1 節

Nun komm der　　　　　いままさに来ます、

　　Heyden Heyland,　　　　異邦人の救い主

der Jungfrauen　　　　　乙女（マリア）の御子を

　　Kind erkannt,　　　　　知ったその故に

deß sich wundert　　　　すべての世界は

　　alle Welt　　　　　　　奇しき御業に打たれます。

この詞はルカの記述によるベツレヘムでの誕生の御子が、即ち精霊によってマリアが身ごもったことについての記述であり、世界に驚きと奇異の念を起こさせる奇蹟を述べてイエスの誕生の具体的側面について語っている。この具体性は第２節において直ちに、ヨハネ福音書冒頭の記述によって補完されてこれがロゴスの受肉であると指摘されている。新約聖書に収められた四福音書のうちマルコを除く他の福音書でイエスの誕生は異なる記事によって記され、表面的には矛盾しているかと思われる記述によってしかし神学的に複雑かつ多層的な事柄が、多相的でありながらもひとつの歴史的事柄に収斂されて行くよう記されている。その聖書的表現方法がコラール詞の中に取り入れられているのである。

　　　……ist Gottes Wort　　　　　神のことばが
　　　　worden ein Mensch　　　　　ひとりの人となられた

　この第２節に言う「神のことば」Gottes Wort の「ことば」はヨハネ1,1以下「初めに言があった。言は神と共にあった。言は神であった。²この言は、初めに神と共にあった。³万物は言によってなった。……⁴言の内に命があった。命は人間を照らす光であった。……⁹その光は、まことの光で、世に来てすべての人を照らす……¹⁴言は肉となって、わたしたちの間に宿られた」という「言」＝ロゴス＝神律のことである。
　ヨハネ福音書のはじめで問題にされたことばは、最初にこれが記されたギリシア語聖書ではロゴスと言われている。ロゴスはことばや話といった言語に関わる意味のほかに原理・根拠、計算や比例等の広範な領域にまたがる意味を含んでいる。従ってギリシア語聖書を読んでこのロゴスに神の創造になる宇宙の秩序を見出すことが出来るのであって、このロゴスの意味の多層性もまた御子の誕生の多相的表現に豊かな色づけをするのである。
　ヨハネ福音書を記した誰か無名の書記が、ここで何故ロゴスという語

を用いたのかという問いに対して何らかの判断を示すことは出来ても、決定的・正確な答を出すことは不可能に思われる。またこのギリシア語のロゴスをラテン語訳してヒエロニュムスが verbum を訳語としたことの真意を探ることもいまとなっては不可能であろう。確かにラテン語の verbum はことば、話、発言等を意味するのでロゴスの言語的意味に対応してはいるが、アンブロジウスやアウグスティヌスの時代に活動してギリシア・ローマ、ヘブライの高度な知識・教養を身につけていたヒエロニュムスが表面的な意味でロゴスを言としたとは考え難い。「ことば」はときに人の生命をも左右する激しく鋭い力を内に秘め、また人間の測り難く深い思索にもまさしく対応する能力を備えている。

　神のことば・ロゴスを書き記したものが『聖書』であるならば、聖書のことばは人の生きる根源的な力、生命の支え、存在の根拠たるに充分である。さらに旧約・創世記に記された神のことばによって創造された宇宙を、神のことばがそれまで存在していなかったものを存在＝生命へと呼び出したと解するならば、宇宙という存在を生きて命あるものとしているのは神のことばであると言い得るであろう。またこれにギリシア人の感性に根ざした宇宙観を重ねて、宇宙＝コスモスは秩序づけられた空間であるとするならば、ギリシア哲学において追求された数比例と存在の関係がロゴスという語を通じて聖書の中に浸透したと判断することは充分に可能である[15]。

　ギリシア・ローマ及びヘブライの文化圏の中で言語に関する思索は深められ、特に後の西欧の文化圏における芸術表現にとって決定的に重要な役割を果たすことになった修辞学等の言語の学はギリシア・ローマにおいて研究されて言語に関する壮大な体系がまとめ上げられたのであって、ヒエロニュムスの捉えた verbum という一語の背景にはこうした歴史・言語の、もしくは言語による表現の体系が存したことは充分に注意されなければならないであろう。いうまでもなく、この言語の表現・体系の問題はルターにも、またバッハにもそのまま受け継がれることに

なったものである。

　併せて付言されることは、ヒエロニュムスの同時代者であるアウグスティヌスが『音楽論』de musica の中で、音楽についてことばの韻律法を詳しく述べたことである。今日の楽典的音楽論とは完全に異なって、アウグスティヌスにとって音楽を形成することになる基礎はことばであり、かつことばの音節に内在するピュタゴラス的数比に基づくその響きであった。ピュタゴラスの数比がそうであるように、アウグスティヌスにとってもことばの数比は最終的には宇宙の秩序に根ざすものであり、かつ神学的・存在論的意味での「善」なるもの＝「美」に関わるものであった。[16]

　この点は、バッハの教会音楽の詞の扱いに深く関与することになるのであって、例えばBWV1の番号を与えられているカンタータの第1曲のコラール詞が歌う「奇しき美」wie schön leuchtet の付曲法の中にこのことを読み取ることが出来る。そのバッハの付曲法について、当面の問題との関わりの中で以下のように要約することが出来る。

　1.「奇しき美」の "wie" は続くコラール詞の「明けの明星」の「美」に掛かる、と同時にその「美」を讃嘆する "wie" の中に、異邦人の救い主の誕生をめぐる「奇しき業」dess sich wundert を見ることが出来る。即ち「到来される方」は昇り来る「明けの明星」にほかならず、夜の闇を貫いて走る朝の光の中に、新たな世界・宇宙の到来は「美」として描かれている。旧約・創世記の冒頭において、宇宙・万有の創造はまず第一に万有に生命を与える「光」の創造によって始められている。

　2.　BWV1の第1曲は in F (F Dur) で記され、当該の詞「美しく輝く明けの明星」は f - a - c の主和音・長3度と5度によって、さらにはその枠の中に存在する短3度の響きによって表されている。バッハの創作法において、長3度・短3度の組み合わせによる5度、ひいてはその展開形によるオクターヴは万有・宇宙を指し示す。

3．そのことをバッハは既に創作活動の最初期にまとめられたBWV71の第4曲で表明している。やはり in F で記された第4曲の詞、宇宙の法則・秩序を象徴する「昼と夜」Tag und Nacht 即ち「太陽と星辰」Sonn und Gestern に「神聖なる方」はその動く軌道を設けて整えた、という詞に宇宙の枠を象徴するオクターヴを形成する5度と4度による秩序を与えている。

　4．BWV71『神こそわが王』は当時の国政を預かる市参事会員の選挙の祝賀のために作曲されている。神の手になる神聖な宇宙の法則は地上の政事の鑑であり、音楽はその神聖な宇宙の法則を人々に教示する、とバッハは言う。この項に関して詳しくは『神こそわが王』（丸山、2008）225頁以下参照。226・227頁にはこのカンタータに内在するコラール「異邦人の救い主」が譜例化されている。

　5．BWV1及び71の当該部分の in F は旧約・詩篇23における「羊飼い」を背景とするもので、特にBWV1の第1曲の8分の12拍子は「羊飼いキリスト」を表わすパストラーレである（詩篇23に拠る羊飼いが与える「生命」に関しては後述46-48頁を参照）。

　古代ギリシアにおいて捉えられた美＝善＝正しさがバッハの作品において神聖な宇宙の創造の問題として表明された一例をここに見ることが出来る。

　6．BWV1-1では「明けの明星」が昇るに先立って12小節の前奏が奏される。12×12＝144の数値はヨハネ黙示録に記された、新たな宇宙＝到来する「神の国」を象徴する数である。神の国、天のエルサレムは12×12＝144の幅と長さの「城壁」＝宇宙の枠によって囲まれる国である。


　次の第3節ではマリアの受胎の問題が改めて取り上げられているが、これを宇宙的描写の中で捉え直して神学的意味を展開しつつ述べたのが第4節から第6節にかけてのテキストである。

| | |
|---|---|
| Er gieng aus der | 彼はその居室を |
| Kammer sein, | 出られました |
| dem Königlichen | 王に相応しい |
| Saal so rein, | 広間を真に |
| Gott von Art und | 神で在りながらも |
| Mensch ein Held, | 人としては勇士の身となられて |
| sein' Weg er zu lauffen eilt. | 自らの道を行くべく急がれました。 |
| | |
| Sein Lauff kam | 彼の歩みは |
| von Vater her, | 父のもとから始められました |
| und kehrt wieder zum Vater, | そうして再び父へと帰られます |
| fuhr hinunter zu der Höll, | 冥府へと降られましたが |
| und wieder zu Gottes Stuhl. | そこから再び神の座に。 |
| | |
| Der du bist dem Vater gleich, | 父と一なる方で在りますあなたは |
| führ hinaus den | 成し遂げられました、 |
| Sieg im Fleisch, | 肉における勝利を |
| daß dein ewig | 即ちあなたの永遠なる神の力が |
| Gottesgewalt in uns | 私達の中でこの世上において |
| das kranck | 身につけて下さった |
| Fleisch erhalt. | 病める肉に対して。 |

　ここに記された詞の内容について考える場合に、キリスト・イエスの存在をどのようなものとして捉えるかがまずは問題となる。アドヴェント＝到来は降誕と結びつき、その降誕はかつて一度だけなされた歴史上の出来事であり、その経緯はルカ福音書の冒頭第1・2章に、またこれに重なってヨハネ福音書のはじめに詳しい。しかしキリスト・イエスは

上の詞に明らかなように地上に到来されて再び神の座へと帰られたわけで、これは地上での活動の最後の受難、十字架、死と復活・昇天についての記事であって、さらにこの昇天されて神の座につかれた、死を克服した栄光のキリストがミサの際に繰り返して地上の教会の祭壇上に来臨されるとしたのがキリスト教会のキリスト論である。

　従ってマタイ 21,1–9 に含まれる「主の名によって＝主として来られる方」キリストの Benedictus はミサ・典礼に再臨されるキリストへの歓迎のことばとしても働くがゆえに地上の教会でのミサ・典礼で歌われるいわゆるミサ通常文の中に含まれ得るのである。この点はバッハの第一アドヴェントのカンタータ BWV61 において「いままさに来ます」キリスト像の形をとって、なかんずく 61 の第 4 曲において見事な細密画として描き出されている。ここに、以上の創造的／歴史的「とき」の構造とその意味を聴くことが出来る（37 頁以下を参照）。

　上記の事柄、或る事象に内在する事柄を問うて筆をとったバッハの意識への参考に——まずは既述の「ロゴスの到来」（ヨハネ 1,1 以下）と十字架＝死と復活→昇天の構図が鮮明に読み取れる『ヨハネによる受難の音楽』について。その詳細は別稿を俟って改めて問われなければならないが、しかしそのアリア（第 30 曲）の中に凝縮された十字架の神の子の姿を眺めることは出来る。

　いま、Nun komm der Heyden Heyland の第 6 節に関連づけてこのアリアに関する事柄を記すなら、アリアのテキストそれ自体が第 6 節の転写であると言い得るであろう。アリアのテキストは即ち次のようである——

　　Es ist vollbracht　　　　　　　すべては完了した。

これは即ち神の救いの計画を指す——降誕・十字架による人の罪の救

いの計画は「肉における勝利」即ち死の克服によって成し遂げられることになる。

Der Held aus Juda siegt mit Macht und schliesst den Kampf.
ユダの勇士　キリスト・イエスが［死との戦いに］力で勝利して闘いを終息させた。

O Trost vor die gekränkten Seelen
Die Trauernacht läßt nun die letzte Stunde zählen
病める魂への慰め
悲しみの夜が、いま、最後のときを告げる。

　勝利は即ち死の克服である復活を指す──その勝利のキリストを別言して「神の子羊」Agnus Dei という（Agnus Dei とミサ典礼文の表記上の問題に関しては後述 61 頁以下）。
　思えば奇妙なことに、十字架の死をキリスト・イエスの遺体の埋葬で終曲する受難の音楽の通例の作法に対して『ヨハネによる受難の音楽』は、復活・昇天した栄光のキリスト＝Agnus Dei への救いの祈りと讃美のことばで結ばれる。

Am letzten End die Seele mein laß dein lieb Engelein
In Abrahams Schoß tragen
終のときにはわが魂をあなたの愛らしい天使の手に収めて（天上の）アブラハムの許へと運ばせたまえ

　E Dur の "Inventio" に姿を現わす喜びの figura こそ、訪れ来るに違いない「受難」の音楽の末尾を飾る、この救いに対する感謝と讃美の、喜びを表わす心の歌の凝縮された型にほかならない。"Inventio" の後

半において、受難の音楽への歩みを刻む流れが 42 小節目で終わって次の 43 から喜びの figura に再帰する楽曲の構造がそのことを如実に告げる——「42」は「マタイによる福音書」の冒頭に明記された、世界の歴史の中に新たな「とき」をもたらすキリストの誕生・降誕を告げる数であり、続く「43」は「私はそれを信じる」という、いわゆるクレド credo を表わす数であって、ここに見られる死の翳から喜びへの転換を捉えることは、曲の演奏に際しての、響きの創出に決定的な役割を果たすに違いあるまい。

　既に繰り返し指摘されたように BWV61 は目下検討されているコラールを基体としてまとめられているため、上に触れられた事柄が表現されているのは当然の帰結であると言えなくはない。だがコラール詞の中では明確に触れられていない、詞の背後の事柄に視線を注ぐことによってのみ読み取れる「アドヴェント・到来の神学」が、『ヨハネによる受難の音楽』第 30 曲（アリア）の中間部に重なる事柄として明瞭に語られているところにカンタータ詞と神学との深い結びつきを改めて認識することが出来る。詞をまとめたのはノイマイスターであり、その 1717 年に出版された詩華集に印刷されている。とはいえ、バッハがノイマイスターの詞の言表を音楽によっていっそう深化発展させることによって「アドヴェント・到来の神学」を一編の音楽作品として彫琢し、十字架・死を克服して教会に訪れ来るキリストの姿を「響く神学」として形象化させたその ars ＝技は修辞的表現法の極みに立つと言ってかまわないであろう。BWV61 が礼拝の中で響いたのは 1714 年。ワイマルに在ってなお 30 歳に満たなかったバッハの作である。年齢に関わりのない成熟した「響く神学」はこのカンタータの第 4 曲に置かれたアリオーソに明らかに読み取れる。［譜例 7 を参照］。

　ノイマイスターの詞には、少なくとも 1717 年の印刷版を見る限り、第 4 曲の作曲法についての指示は一切なされていない。ノイマイスタ

ーが書き記した、もしくは自己の詞の中に引用として書き写した聖書の
ことばの中に、教会に来ますキリストの姿を見てその音調を聴いて響か
せたのはバッハの筆である。詞はヨハネ黙示録 3,20 である。まずその
日本語訳、次いでルター訳を見る。

> 見よ、わたしは戸口に立って、たたいている。だれかわたしの声を
> 聞いて戸を開ける者があれば、わたしは中に入ってその者と共に食
> 事をし、彼もまたわたしと共に食事をするであろう（新共同訳）。

> Sihe／Jch stehe fur der Thuer／vnd klopffe an／So jemand
> meine Stim hoeren wird／vnd die thuer auffthun／zu dem
> werde ich eingehen／vnd das Abendmal mit jm halten／vnd er
> mit mir. （ルター訳、1544 年版。古綴のドイツ語のためウムラウトは
> 開いて引用）

　曲は 10 小節、4 分の 4 拍子＝1 小節に響くべき時の刻みは 4 である。
バッハの指示はレチタティーヴォであるが、いわゆるセッコではなく伴
奏付きのアリオーソであり、弦楽器のパートには「弓を使わないで」
senza l'arco という演奏上の指定がなされている。この書式は書き直し
てピッツィカートと書き改め得る。だが「弓を使わないで」というのと
ピッツィカートとでは描き出されるイメージが異なる。弓は十字架の場
面でキリストの脇腹を刺す槍を、また中世以来の死神の、命を刈り取る
鎌を象徴する。
　一方、いま教会に来ますキリストは死を超えられたキリストである。
弓を使わないで奏される、かつてピラトの下にあって受難されたその時
の受苦の笞を描いて笞音を再現する弦の響きは 39 回反復される。「コ
リント人への第二の手紙」11,24 に記されたパウロの言によれば、刑罰
を受けて打たれる笞の数は「40 にひとつ足りない数」であった。曲の

最後、10 小節目の最後の拍は休符である。確実に、鳴らされて響くのは 39 ではなく、40 にひとつ足りない数（10×4−1）である。死が及ばないこの数は、ユダヤ人の教えでは 40 の笞は死をもたらすからであるという。楽器の音色と神学に関する若いバッハの精緻な読みをここに見ることが出来るであろう。

　40 に足りない笞打ちは、古代においてユダヤ人が実際に行い、かつパウロがその身に受けた笞の刑を表わし、キリストが十字架につけられる前に打たれた笞の音を響かせる、と同時に 40 に足りない 39 は、死の力がついにキリストに及ばなかったことをも告げる。病める肉に在って、死を克服した勇士（＝コラール詞第 6 節）の姿はバッハの『ヨハネによる受難の音楽』第 30 曲のアリアに描かれて余すところがない、ということはしかし、そこにおいてただ単に音楽的描写が余すところなく行われていることを告げて表現が充足していることを意味するだけではなく、その表現によってアドヴェントの到来が、やがて十字架につけられることになるキリスト・イエスのそれであり、かつまた、十字架という死を克服するためのものであったことが講解されて余すところがないことを、それは物語っているのである。

　3 小節目の戸を「叩く」klopfen の意味の顕在化のために用いられた三連符は「来るべきもの」のバロック的 figura であり、音画としてキリストが来て戸を叩く情景を目に焼きつけるばかりでなく、この「叩く」figura が「喜び」の figura を結果させていることをも暗に告げるのである［譜例 8 参照］。

　また 5 小節目の私の声を「聴く」hören に付された付点は明らかにこの「聴く」の強調のためであって、その他の単語に使用されている 8 分音符がイネガルのリズムによって長短の律をとるのに対して、さらに強調して聴き手の注意を喚起するべくなされたもので、hö-ren のリズムは恐らく二重付点に解されるのが正しいと言い得るであろう。同様の、或る単語の強調は最後の「わたしと共に」の「わたしと」mit mir に付

された前打音に読み取れる。バッハの時代の歌唱法からすればこの前打音は長く、少なくとも8分音符で歌われたであろう。それによって形成される不協和な響きはこれも明らかに修辞的強調法である。

　他方、先程の「聴く」からの通奏低音のパート＝キリスト・神の象徴としてのパートには fis×4, g×2……の音符が配されている。これをゲマトリアで読んで判明するのは fis＝33×4、g×2＝7・7→77、h×2＝8・8→88、c×2＝3・3→33…の8分音符がここに書きつけられていることであって、この音符・音符数は fis から順に 132＝O Lamm Gottes（神の子羊）、77＝Agnus Dei（神の子羊）、88＝Creutz（十字架）、33＝イエスが地上で過ごした年数、即ち十字架刑に処された歳の数を指し示すことになるのである。


　ヨハネ黙示録 3,20 の聖書の記述の中でしかし、いま問題にすべきは「食事」という人の生命に関わる事柄の意味についてである。それはこの「食事」がルター訳では一般の食事 Essen ではなく、教会の典礼における「聖餐」ないし「最後の晩餐」を指して Abendmal と訳されているからである。つまりルターは Abendmal の訳語をここに当てることによって、キリストとの食事が最後の晩餐・聖餐と十字架の結びつきを意味すると表明したのである。バッハがこの詞のために選択したのは e Moll であって、この調性はバッハが『マタイによる受難の音楽』の冒頭のマタイ 21,1–9 に基づくキリスト・イエスのエルサレム入城を描いた第1曲で、また『ロ短調ミサ』の「十字架につけられ葬られた」の詞に付曲された受難の音楽で使用した響き、かつ "Inventio" における E Dur の楯の他面を担うものである。

　譜例 9–1 は『ロ短調ミサ』の「十字架につけられ」crucifixus であるが、バッハ自作の初期カンタータ BWV12 の第2曲を転用したこの部分が、転用の際に BWV12 の f Moll が e Moll に移されたことも、e Moll が「十字架」とその「死」に結びつくものであることを表明して

いる。e Moll "Invention" はその調的エコー［譜例 9-2］である。

　一般的概念からすれば「食事」は日常の事柄であって何らか特別の食事を意味するものではない。だがヨーロッパ言語における「食事」は聖書に密接するものであって、ときに特別な意味を伝えている。従って食事を指す単語、食事がなされる状況を描く文脈は十分に注意して読まれる必要がある。

　参考までに記せば、ルター訳のドイツ語聖書の基となったラテン語訳聖書ではヨハネ黙示録 3,20 の「食事をする」は動詞の未来形をとって cenabo という単語が使われている。このラテン語訳を行ったヒエロニュムスが、本来聖書の種々の箇所に記されている食事のいずれの「食事」を連想しながら cenabo という単語を選択したのか、詳細は不明である。だが cenabo が指し示しているのは第一にラテン文化＝ローマの文化における「食事」であり、これは午後 3 時頃の正餐を意味するという。[◆18]午後の 3 時頃はキリストが十字架に架けられて息を引き取った時刻である。従って当然にこの「食事」は十字架のキリスト＝Agnus Dei と共になされる正餐、即ち教会のミサにおける聖餐を指すことになる。

　またさらに十字架と食事の深い関連性はパウロによって「主の晩餐」と記されている（第一コリント 11,17 以下）。思うにルターが採った「晩餐」Abendmahl はまさしくローマ的 cena＝cenabo 即ち十字架の「死のとき」における食事であった。

　しかし同時に食事は楽しい集いのときでもある。この両面において E Dur "Inventio" は、集い来る人々の歓談のときと「死のとき」を描いてその響きを決定づけていると言い得るであろう。

　集いの喜びと痛み——ミサと呼ばれる典礼は食事の集会であり、キリストと弟子達による食事の再現を旨として行われる。なかんずくキリストが捕らえられて十字架に架けられる前夜に行われた食事、最後の晩餐に

おけるキリストのことばが典礼に用いられて「主の晩餐」が再現される
ことになるが、そのときの主キリストのことばは福音書とパウロの手紙
の双方によって伝承されている。前者のことばは例えば「マタイ」
26,26 以下にあり、パウロのそれは「第一コリント」11,24 以下に伝え
られている——但し、教会の典礼の場で用いられるのはパウロの手紙で
あって福音書ではない。パウロのことばが受難の陰影を深くする文脈の
中で伝承されたがゆえであろうか、このことは食事の集いについて考え
るに際して多くの示唆を与えるであろう。

> わたしがあなたがたに伝えたことは、わたし自身、主から受けたも
> のです。すなわち、主イエスは、引き渡される夜［主の晩餐の執り
> 行いを設定された］（第一コリント）

　いま仮に、このような食事の場を教会という空間に置き換えた場合に
バッハにとってのこの空間はライプツィヒの地上の教会ではなく、常に
天上のエルサレムにおける典礼であったと言い得るであろう（ヨハネ黙
示録 4［既述、24・25 頁］を参照）。しかも考量しておかねばならないこ
とは、ここにみる聖書のヨハネ黙示録に依拠する天上のエルサレムを画
像等によって具象化させ、表現することはヨーロッパ中世に遡る伝統だ
ということであって、独り 18 世紀のバッハが着想した事柄ではない。
キリスト教文化が育んだ、これは単なる表現上の図案ではなく、天上的
なものを思考する人間の思惟形態に基づく一種普遍的「表示」であると
言うべきであろうし、さらに歴史的経緯を辿って早く古代ギリシアのプ
ラトンによって論理的体系化されたイデア論がキリスト教化されて、天
上の典礼等の天空・天空を超えた「神の国」in excelsis の表象となっ
てバッハの思想を支えたと判断することこそが重要だということである。
　このことはバッハ作品が一貫して天上を示す「12」に基づいて
12 → 36 → 72 → 144 という数の単位をその構造の単位としているこ

とによって証明される。その意味で、バッハの音楽世界は新約聖書のヨ
ハネ黙示録の末尾における記事をその構造の基としていると言い得る
——E Dur の "Inventio" から改めて一例を記すなら、24 から 40 の小
節の間に描かれた天上のエルサレムをあげることが出来る。

　小節 24 は 24×3(8 分の 3)＝72→144 となり、小節 40 は 40×3＝120→12×10
である。この間の、24 → 40 の空間は 16 小節によって形成され各小節
は 3 音譜を単位とする喜びの figura を 3 回響かせる。従って 16×9＝
144 である。しかも 24 と 40 の小節が抽出され得るのはそこに h・
ais・h の小さな楔が存在するからであって、この楔を形成する h と h
は h＝8 からして 88＝creutz(十字架)であり、さらに十字架の足下の
ais は 28 という数のゆえに食事に到来される天上のキリスト＝Agnus
Dei への讃美の歌を指し示すことになる。28×17 が織り成す 476 はこ
の讃美の歌である Sanctus の詞に内在する数にほかならないからであ
る。◆19

　　Sanctus Sanctus Sanctus Dominus Deus Sabaoth
　　聖なる方、万有を治める主なる神

　Sanctus＝聖なる方、しかも三重に聖なる方は Sabaoth＝宇宙・万有
を治める主なる神、栄光のキリストであり、かつて地上で十字架＝88
に架けられた Agnus Dei である。

　88 は 16 となり、17 と響き合って 153(上の註 19 を参照)、即ちバ
ッハの『ヨハネによる受難の音楽』第 1 曲に記された詞のあなたの
「受難によって(あなたが栄光の主であることを)私達に示したまえ」
zeig uns, durch deine Passion(＝272＝16×17)に結びつくのであっ
て、このヨハネ黙示録の栄光の Agnus Dei の描出のためにバッハは
『ヨハネによる受難の音楽』を記したのだというのが正しかろう。

　他方で小節の「24」は以下に結びつく——マタイ 21 に描かれたエル

サレムへのキリストの「到来」＝「入城」を異なる言表によって表明しているのが詩篇「24」であり、ここに万有を治める栄光の主の姿は刻印されて目に鮮やかである。

城門よ、頭をあげよ
とこしえの門よ、身を起こせ。
栄光に輝く王が来られる。
栄光に輝く王とは誰か。
万軍の主、主こそ栄光に輝く王

quis est iste rex gloriae
Dominus exercituum ipse est
rex gloriae （Vulg.23.10 Ps Iuxta Hebr.）

ここから読み取り得るのはマタイ 21＝詩篇 24＝BWV61＝ミサのSanctus＝『ヨハネによる受難の音楽』の流れであって、これこそバッハ的表現世界における「王」＝「万軍の主」の理解に不可欠の言表＝「作品」の網の目である。

バッハが使用した『聖書註解』の中でオレアリウスは上に問われたAbendmal を指して、これが「霊的なもの」である旨を記した後で「共に食する」mit ihm halten und er mit mir をめぐってこれを補足するべく、次のように註記している。[20]

……キリストがその言の中でわれわれに自らを与え、また招かれた人々マタイ 22,3 に最後の晩餐 Abendmal マタイ 26 を供するとき、人は［来るべき天上の聖餐の］象どりを、そうして世の終わりに際しての永遠の生命に入って与えられる完全な味わいの、余韻を堪能

する……

　これに関してオレアリウスがさらに参照として挙げた聖書の関連箇所
は、まず次の詞句である。

ヨハネ黙示録 19,6　　わたしはまた、大群衆の声のようなもの、多
　　　　　　　　　　くの水のとどろきや、激しい雷雨のようなも
　　　　　　　　　　のが、こう言うのを聞いた。
　　　　　　　　　　「ハレルヤ、／全能者であり、／わたしたち
　　　　　　　　　　の神である主が王となられた。」
ヨハネ福音書 6,48　 わたしは命のパンである。
詩篇 23,2　　　　　　主はわたしを青草の原に休ませ／憩いの水の
　　　　　　　　　　ほとりに伴い／³魂を生き返らせてくださる。
ヨハネ黙示録 22,2　 川は、都の大通りの中央を流れ、その両岸に
　　　　　　　　　　は命の木があって、年に十二回実を結び、毎
　　　　　　　　　　月実をみのらせる。そして、その木の葉は諸
　　　　　　　　　　国の民の病を治す。

　聖書の書巻の中からその一部分を切り取り並べて全体の意味を読み取
るのは必ずしも容易ではない。しかし上の四点は初めの黙示録 19,6 に
おける「主」とそれ以下の三点に見られる「水」との関わりを示すもの
であり、水は生命の根源をなして、それをヨハネ 6,48 はキリストの言
として「命のパン」と言い表したのである。聖書の記述、特に旧約聖書
にはその背後に古代からの遊牧民の生活・思想が存在しているため、水
が生命の支えであることがいわば自明の理として聖書の記述の中に取り
入れられているのである。それに加えて、イスラエル・ユダヤ教では神
への供犠のために遊牧民にとって貴重な羊を捧げることが出エジプト記
によって規定され、やがて羊が Agnus Dei としてキリストとなったの

であって、ユダヤ教における犠牲の羊と、イスラエルの人々が奴隷状態に置かれていたエジプトからの脱出を叶えた神の救いの働きへの感謝と、出エジプトを記念して行われる祭りの際の酵母を入れないパンとがひとつに結ばれてキリストの「命のパン」即ち救い、死の克服を齎して永遠の命に与らせる命の糧は成立した。

　従ってヨハネ黙示録3,20を引用したバッハのカンタータBWV61-4におけるキリストの到来と「食事を共にする」ことは、神の救いの計画に与る事柄として受け止められねばならず、しかも、その生命をもたらすために人が神の下へと出向くのではなく、神キリストが「来ます」と言うのである。主の到来は人にもたらされる生命の到来である。但し、ヨハネ黙示録3,20に記されている「だれかわたしの声を聞いて戸を開ける者があれば」という前提を忘れてはならない。多くの場合、人の心は閉ざされて声は聴かれないからである。その心＝扉を開かせるべくバッハの音楽は響かせられねばならない。バッハの音楽もまた人の心の扉へと、キリストのことば、キリストの、もしくは何か聖なるものの到来を告知し得るものでなければならないからである。

　オレアリウスはここでのパンと水に関する関連箇所の指定として詩篇23,2を挙げているが、それは23,2に直接的に「青草の原」＝緑なす生命の国、「憩いの水」＝永遠の生命のやすらぎが表明されているからではある、が、しかしこれだけではそれに先立つ「主」が誰なのかは判然としない。察するにオレアリウス、あるいはバッハやルター派の人々にとってこの「主」が23,1の「主は羊飼い」に姿を現わしている「羊飼い」であることは改めての説明を必要としない自明の事柄であったと思われる。日本語版の「主は羊飼い」の羊飼いはヨハネ福音書10に見られるキリストの言「わたしは良い羊飼い」と結ばれて詩篇23の「羊飼い」は主＝キリストであると解釈され、これが強調されたのがルター派の神学でありバッハの音楽であった。日本語版・新共同訳に言う「主は羊飼い」に対して、ルター版ではこの詩篇23をドイツ語に訳して「主

は私の羊飼い」DER HERR IST MEIN Hirte として「私の」MEIN を挿入することによって、「羊飼い」の形姿・意味をキリスト論的に掘り下げたのであった。

　これに重ねてオレアリウスはなお詩篇 36,9 及びヨハネ黙示録の若干の詞句を上記の四詞句をめぐる更なる参照箇所として列挙している。生命の水の問題等を発展させるためである。挙げられた参考箇所の総てではなくとも、目下の検討に欠かせない次の詞句は選んで目を通しておかねばならないであろう。

ヨハネ黙示録 7,17　　[16] 彼らは、もはや飢えることも渇くこともなく、／太陽も、どのような暑さも、／彼らを襲うことはない。
[17] 玉座の中央におられる子羊が彼らの牧者となり、／命の水の泉へと導き、／神が彼らの目から涙をことごとく／ぬぐわれるからである。

ヨハネ黙示録 22,17　「…わたし（イエス）は、ダビデのひこばえ、その一族、輝く明けの明星である。」[17] "霊"と花嫁とが言う。「来てください。」これを聞く者も言うがよい、「来てください」と。渇いている者は来るがよい。命の水が欲しい者は、価なしに飲むがよい。

　この二つの記述は既に取り上げられたパンや水の問題の重複のように見えなくはない。だが、とりわけて 22,17 の「輝く明けの明星」は既述のバッハのカンタータ BWV1 にも関わるものであり、さらにこの詞句を取り囲んでヨハネ黙示録 21,22 で述べられている来るべき神の国、

天上のエルサレムの地上への到来がマタイ21に直接して重要な意味を持つことは深く注意されなければならないであろう。ヨハネ黙示録21に始まる天上のエルサレムの降下・天の国が来ることは、詩篇23で言えば生命の緑の原へと導かれることにほかならないのであって、生命の緑の原＝天上のエルサレムが人の許へと降下することこそ、バッハが生涯を通じて追求して止まなかった、栄光の王キリスト・イエスによって治められる神の国、バッハにとっての理想的王国が「来る」ことの、かつそれによって与えられる「平安」の、明確な証であった。

> 見よ、わたしはすぐに来る。わたしは、報いを携えて来て、それぞれの行いに応じて報いる。わたしはアルファであり、オメガである（22,12・13）。
> 以上すべてを証する方が、言われる。「然り、わたしはすぐに来る。」アーメン、主イエスよ、来てください（22,20）。

「緑の野」の風景、主に導かれる羊達のいる風景は他方でパストラーレと呼ばれるジャンルを形成した。古代ギリシアのヘシオドスの作を端初としてやがてローマの詩人ウェルギリウスによってまとめられ、これに詩篇23＝ヨハネ10等が重ねられた「主の緑野」を歌う「牧歌」は文学作品において、絵画によって、また音楽によってヨーロッパの芸術史の中に継承されてその生命の水の流れが跡絶えることはなかった。特にルネサンス＝バロックの時代にあって、パストラーレはいわば芸術の世界の中心のテーマであったとさえ言い得ることは注意されてよかろう。バッハのオルガン用の『パストラーレ』は改めるまでもなく、その他多数の作品の中で用いられた8分の12拍子の「パストラーレ」の形態がそのことを如実に物語っている。

　具体的な作例としてはバッハの諸作の他に、北イタリア・ラヴェンナの郊外に残るサンタポリナーレのモザイク（5世紀）を挙げるのが最適

であろう。

　以上の事柄を、キリストの到来を祈念する「異邦人の救い主」のコラールに結んで捉え直してみる――ルターがまとめたコラール詞は4世紀にミラノで活動した司教アンブロジウスの作になるラテン語聖歌に基づくものであるが、恐らくは原詞の単なる翻訳ではなく、ルターによる自由な意訳によるテキストのコラールであると判断するのが正しかろう。
　ルター・コラールはマタイ21,1-9を背景に捉え得る。と同時に上のヨハネ黙示録22,20の詞に直接する。ルター版のドイツ語原文とコラール詞を対応させることによってこれは容易に認められる。

　　Jch kome bald／Amen／Ja kom Herr Jhesu（ルター版）
　　　　　　　　　　Nun kom der Heyden Heyland（コラール）

　　私は行く、すぐに／アーメン／どうか来て下さい主イエスよ
　　　　　　　　　　いま「このときにこそ」来てください、異邦
　　　　　　　　　　人の救い主よ

　なおルター版のドイツ語原文は1544年版であって「来る」が旧綴の"kom"で記されているが、オレアリウスの註解（1681）では"komm"とされてコラールの綴と一致する。この語形は動詞"kommen"の命令形であり「来てください」の祈念と取ることも出来るし、呼びかける側の種々の条件が整ったところでの歓迎すべく待ち受ける待望の思いを響かせるものだと考えることも出来る。マタイ21の記事を背景に判断するなら、聖書記事＝ミサ典礼文のBenedictus, qui venit in nomine Domini（主の名において来られる方こそ、祝福された／歓迎を受けられる方）の言表からして「来たりませ」が適訳なのか。ドイツ語の語感を平叙の日本語に置き換えるのが必ずしも容易ではない"komm"である。

まして詩篇96の、あるいは続く97の末尾において「主は来られる……諸国の民を裁かれる」ために、と言われるとき、到来の「そのとき」の重みは殆ど耐え難いものとなるであろう[21]。

　ルター訳コラールの基になったアンブロジウスの聖歌の冒頭部分はルターのドイツ語詞とはいささか異なる表現をとっている。

　　Veni Redemptor gentium　　　　来て下さい、諸々の民の／
　　　　　　　　　　　　　　　　　外国人の贖い主

　Redemptor は贖い主であるキリストを指し、gentium は諸国の民・外国人＝異邦人を指してルターもこれを「異邦人の救い主」Heyden Heyland としたのは原文に即した訳である。だがルターの詞の冒頭に置かれた "Nun" はアンブロジウスの原詞には無いものであって、明らかにルターの手による付加であると判断される。この "Nun" をどのように読むか。その意味を特定するのは困難である（註1の参考文献：『ギリシア神話の時間論』にギリシア思想における "Nun" の意味は詳しい）。

　Nun は基本的には「いま」を指す。また、これまでの時間の流れとの関わりの上から捉えて「いまこそ」「かくなりましたので」等と訳すことも出来る。ルターのコラールが第一アドヴェントのためのものであることを考量するとき、教会暦の経緯の中で高まる待望の念に応えるという状況に立てば、教会の信仰が熟したいまこそ、到来は果たされますようにという祈念の思いを込めてルターは "Nun" を置いたと言えるであろう。

　他方で、ルターが若き日にエルフルトで、あるいは当時の社会的思潮の中で、ギリシア哲学に触れていたことを視野に入れるならば、この "Nun" によってギリシア人が追求した或る「瞬間（の時）」を想定することが出来る。ギリシア人は時間に二つの異なる層・相を認識して日常的自然的な一様に流れる時間と、それとはまったく異なってこの流れる

いわば「水平的」な時間の中の或る瞬間に「垂直的」に射し込み介入する‘とき’＝カイロスと呼ばれる「そのとき」を見ていた。非日常的な、ギリシア神話やホメロスの叙事詩の世界の中で知られている人間の世界への神々の介入が「いま」という簡潔なことばによって表明されていたのであって、その“Nun”をルターが採ったと判断するならば、主の到来はまさしくヨハネ黙示録の21以下に記された新たな神の時、神の国としてのエルサレムの地上的世界への介入を意味することになるのである。終末の響きの只中で発せられた“Nun”である。バッハ作品の演奏において、冒頭の第1音は常にこの“Nun”を告げるものでなければならない。

　そうした‘とき’への補足になるであろうか。二三の事柄を付記してみる。

　まず、聖書に記された、かつ E Dur “Inventio” に関わる神の介入の「そのとき」をめぐる異なる状況の中での一例――ルカ福音書2は羊飼い達の野宿を伝えている。その 2,9 の記述は新共同訳では次のように記されている。

　　すると、主の天使が近づき、主の栄光が周りを照らしたので、彼らは非常に恐れた。

　この詞行の「すると」は新約聖書の原文と考えられるギリシア語版では “καί”（カイ）と記されている。日本語版の「すると」はその直訳である。しかしルターはここを “Nun” の意味に解釈したのだと思われるが、それはルターがここにいままさに起こりつつある事柄を強調するために “sihe”（見よ）という小さな一語を挿入しているからである。ルターは “καί” はそのままにドイツ語訳して “und（Vnd）”（すると）と訳し、その後に “sihe” 即ちいままさに羊飼い達の目前に生起した、別言して聖なるものの地上的歴史への介入の情景へとこれを見るものの眼差

しが集中されるべく "sihe" をここに介入させたのであろう。文字通りには「すると'見よ'」と訳されるであろうこの部分は従って「するとまさにそのときに」と意訳することが出来るであろうし、そのように訳されてまさしく当を得た表現たることになるであろう。

　　Vnd sihe／des HERRN Engel trat zu jnen……
　　するとまさにそのときに／主の天使が近づき……

　このルター訳を補足・註解してオレアリウスが言うのは「主の天使が'近づいた'」と言うのは supervenit 即ち彼等羊飼い達の頭上を聖なるものが「覆った」こと、聖なるものが「突然に（彼らを）襲った」ことにほかならないということである。[22] 同様のことをオレアリウスはマタイ21におけるキリスト・イエスのエルサレム入城に関しても註記して、その'とき'がルター派教会の神学、なかんずく宇宙的創造論にとって極めて重要なモメントであったことを告げている。オレアリウスは言う。ゼカリア9,9から――[23]

　　Sensus: Jam canjmus Hosanna Messiae. filio Davidis, Salva
　　nos, obsecramus, tu qvi in altissimis. Salva nos……

　時、時間はしかし単に計測・計量可能な、物理的な事柄に関わるのでなく、はるかに深く人間の経験を指して或る「とき」或る「瞬間」に人の存在はその在る意味を決定的に変えることになる。言うなれば存在することの転換の「点」こそが "Nun" であって、バッハの音楽について考える際にこの「瞬間」は何か霊的なものの働き、介入によって引き起こされる「瞬間」であると考えるのが正鵠を射ているであろう。教会にとって、またバッハにとって、待望された主の到来は、かつ到来された主の十字架の「とき」こそは長く続いた苦難の時の流れに打ち込まれ

る終止の「とき」であり、この「とき」から緑なす生命の牧場に憩い安らう喜びの時は始まるであろうからである。[◆24]

　次に先に取り上げたリズム音型とここで触れた"Nun"という喜びの時の結びついた典型的な事例を第一アドヴェントのカンタータ BWV36-2 に見ることが出来る。リズム音型の中に浮かび上がるルターのコラール……[譜例10]。改めるまでもなく、コラール旋律は Dur ではない。ここでの喜びは従って内的なものであるばかりでなく、選ばれた調性の fis Moll は、降誕して以降の、十字架・復活までの地上の「時」である 33 を告げる fis が、世界の中軸をなして背骨のようにまっすぐに響いて十字架に至るイエスの道を象徴しているのであって、この音調の中でのリズム音型が E Dur "Inventio" 後半部分での度重なる Moll の響きを映し出している事実に関して、その告げるところの何であるかについては改めての言を俟つまでもない。

　併せて BWV36 第二部の始めに置かれた第5曲における D Dur で使われた音型も視野に収められていなければならないであろう。第5曲の到来の主を迎える歓迎の詞 "Benedictus" のドイツ語訳 "Willkommen" が歌われるのは第2曲コラール詞の「まさにいまこそ到来の時です」「さあ、来てください」nun komm の音型である[譜例11]。

　以上の事柄を参考までに分析するならば、BWV36-2 の曲頭、3小節はバッハの手になる前奏であり、コラール旋律の明らかな展開、即ちコラール・ファンタジーである。その開始部の通奏低音に与えられた figura はコラールに内在する「十字架」の figura であり、バッハはこれを『マタイによる受難の音楽』の第45曲 b＝第50曲 b で用い、さらに "Das Wohltemperirte Clavier" 第1巻に響かせて cis Moll Fuga を書き上げたのである。『マタイによる受難の音楽』でこの figura が付曲されたテキスト、群衆の叫ぶイエスを「十字架につけろ」を基にこの

figura はその表明するところを捉えられるべきである［譜例12］。

　他方でしかしこの「いま」という介入の瞬間は独り新約聖書において問われたのではなく、旧約・出エジプト記に描かれた救済のためになされた神の介入の記憶、即ち脱エジプトというイスラエル民族の救いのために働かれた神の介入の記憶が歴史を一貫して保持され、新約の「いま」においてもその背後に横たわっている、のみならず、記憶は毎年祝われる祝祭によって具体的なものとして呼び醒まされたのである。人の生きる地上の年月を苦難の時とするならば、あるいはバビロンの捕囚に象徴される、イスラエルの歴史に打ち込まれた受難の時の中に在って、神の救いの業としての歴史への介入の記憶は、この業が繰り返して生起されるであろうことへの待望、信仰と讃美の念を呼び醒ますに充分である。

　マタイ福音書の冒頭に記されているイスラエルを治める者の、あるいはイスラエルを支配した事柄の、いわば歴史を画する「とき」と「とき」の間に横たわる「14の世代」を簡潔に記してアブラハムからダビデ、ダビデからバビロンの捕囚、そうして遂にはキリストの到来への待望と信念を表明する「42」（14×3）という数の秩序がバッハ作品の中に度重ねて顔を出すのは、それによってイスラエルの歴史を絵に描くためではなく、あくまでも地上の歴史への神の介入の「とき」が繰り返して訪れ来ることへのバッハの信念と待望及びその業への讃美を表すためである。かつて、ひとたび為された事柄は必ず再起される。E Dur “Inventio” に書き込まれた「反復」の記号は、この繰り返される事柄をめぐる歴史の印である。

　旧約聖書においてしかしイスラエルの神によって為された如上の介入は、まさしく「いま」キリストによって、その十字架を通して果たされる。E Dur “Inventio” の中で描かれ問われたのは「出エジプト記」の直接的描写ではなく、歴史の記憶を基にする、先のコラール詞の第4

節及び第5節で説かれた天上からの主の到来、それも十字架への到来でこそあれそれ以外の何物でもない。この作品に接するものは、当然のことながら喜びの figura の中に影を落として刻々と変化する和声の陰影に充分に留意しなければならないであろう。

　降誕と十字架、喜びと受難、さらには裁きという一見して遠く在るものが常に一体をなし、相互的に浸透して「一」なる存在を形成していることを告げるのがバッハの音楽であって、E Dur "Inventio" の和声の陰影、光と影の交錯こそ、その「一」なるものの存在を響かせて余りあるであろうし、さらには先に取り上げた『ヨハネによる受難の音楽』第30曲のアリアにおける h Moll＝D Dur＝h Moll の調的「一」なる世界もまたこれを証していることは改めるまでもない自明の事柄であると言い得るであろう。

　一方、キリスト教の教会はかつて為された歴史的、イエスの降誕・到来と十字架・復活及び再び訪れ来る主の再臨を典礼の形にまとめ上げ、繰り返して主の到来を俟って執り行われる、最後の晩餐を型取り祝賀するミサ・礼拝の式を挙行して来た。バッハの典礼のためのカンタータはこの「歴史」に深く関わる「とき」の中で祝賀・讃美の念を響かせるべくまとめられたものであって、典礼の最中に果たされる祭壇への主キリストの「わたしは来る」というその瞬間に、Benedictus＝来たりますものへの喜びの声の響く「そのとき」の中にこそバッハの音楽は立っているのである。[25]

　また以上の事柄を時間論として改めて捉え直せば、天上的、聖なるものが、地上的人の時の流れの水平な線に垂直に交わって形成される十字の型——それこそが E Dur "Inventio" の全体の構造となって現れて在る十字架の figura であった。figura は音符による「型」であり、かつ「響きつつ在る型」としてこの "Inventio" の全体構造をなして在る。即ち響く十字架。響きはしかし響きとして響いて在る生命でこそあれ、いかなる意味においても物質的な音響なのではない。特にバッハの音楽は、

そのように演奏される限りにおいてという前提の下のことではあれ、形骸化された型を響かせるものではなく、響いて語りかける生命の声である。声は人の魂に届いてこれを衝き動かして魂を声が伝える「型」に形作るのであって、バッハ的音楽の声は、器楽においても当然に、響きという抽象的なことばを手に歌われた一片の歌である。[26] バロック的用語を用いるなら、魂を衝くこの作用は即ち「アフェクト論」になる。

　同じ音型として、シンコペーションは「結び合わされてひとつの存在をなすもの」であった。ドイツ語で言う二つのもの、二つの音を結ぶGebunden＝タイは目下の作例において、十字架に結ばれたもの、gebunden されたものの figura であり、十字架という死によって捕われたものの形姿である。また同時に、神と人（受肉）という二つの位相 persona が「一」なる存在をなしてキリストを浮かび上がらせ、かつ、E Dur "Inventio" において「二」なるもの、二つの声部の流れ、二つの響きの位相が決して同一の「時」を形成しはしない、地上の時間とそこに天上から垂直に射し来る聖なる「とき」の介入を表明しつつ、しかし、その二つの時間の位相が、人を包み込んで在る宇宙の中でひとつに結ばれ交錯し gebunden されて響くものであることを告げる figura としてここに置かれているのである。

　コラール詞の第7節はベツレヘムでの飼い葉桶を包んで輝く光をヨハネ1,5「光は暗闇の中で輝いている。暗闇は光を理解しなかった」に結んで光＝神的生命、闇＝人の世界・死の対応の中に十字架・受難と復活を浮かび上がらせ、最後に第8節で三位一体の神讃美を歌って終わる。全体を通じてコラール詞にはルカ福音書に象徴される降誕・誕生の問題にヨハネのロゴスの神学が重なり、さらにミサのテキストの「クレド」として付曲されるニケヤ信経のキリスト論が色濃く反映されていると言い得る。その点からしてバッハの『ロ短調ミサ』の「クレド」に充分に親しんでおくことが、ひいては E Dur "Inventio" の喜びの figura への理解を深めることになると判断されよう。

降誕・誕生に関する聖書記事の中のいわゆる羊飼いへのお告げを記したルカ2についてG Dur "Inventio" が深く関わるのに対して、E Dur "Inventio" は降誕・主の到来に対する喜びに関わってルカ1のマリアへの受胎告知がその響きのアフェクトの源泉をなしていると考えられる。マリアへの受胎告知は、音楽の領域ではマグニフィカート Magnificat によって表現される。バッハの "Magnificat" はここで取り上げられている問題に即応して降誕祭の祝日の音楽としてまとめられ、マリアの喜びと降誕の主とがひとつの形象をなしている。このバッハの "Magnificat" については PART II で改めて検討される。

## *3*

# ホ長調インヴェンチオの構造

　以下に E Dur "Inventio" の分析上のポイントを記す。織り込まれて作品の基調をなしたコラールはこれまでに検討した "Nun komm der Heyden Heyland"（コラール1）の他にルカ2による "Vom Himmel Hoch da komm ich her"（コラール2）の存在が指摘されるが、このコラール2のテキスト等については G Dur "Inventio" の講解に際して解析されるのが望ましく、ここでは概要を捉えることで満足しなければなるまい。また、以上の二つのコラールに加えて『ロ短調ミサ』の "Quoniam tu solus Sanctus（あなたのみ聖なる方でありますゆえに）" の figura も E Dur "Inventio" には内在している。コラール1と2及び "Quoniam" の figura は譜例13に記されているが、特に "Quoniam" の figura は曲の諸所に散りばめられているため、曲頭の例のみが挙げられている。

　[I]

　曲頭を飾る「聖なるもの」の figura は『ロ短調ミサ』でこれがホルン、正しくは狩のホルン corno da caccia によって吹奏されることからして、力に満たされた勇士の figura と捉えることも、また最後の審判の畏るべき裁きの主として到来される王キリストの形姿を彫り刻む figura がここに内在していると判断することも出来る。それを、詩篇96の末尾において明記された万軍の主の、裁きのための到来を背景に置いて、聖書とオレアリウスの註解並びにバッハの作品によって証して

みると次のようになるであろうか。

1）マタイ 24 に描かれた終末の時の、特にその 29–31 における人々を狩り集めるラッパの音。

> [29]「その苦難の日々の後、たちまち
>
> 太陽は暗くなり、
>
> 月は光を放たず、
>
> 星は空から落ち、
>
> 天体は揺り動かされる。
>
> [30]そのとき、人の子の徴が天に現れる。そして、そのとき、地上のすべての民族は悲しみ、人の子が大いなる力と栄光を帯びて天の雲に乗って来るのを見る。[31] 人の子は、大きなラッパの音を合図にその天使たちを遣わす。天使たちは、天の果てから果てまで、彼によって選ばれた人たちを四方から呼び集める。」

（1）日本語訳で「大きなラッパの音」とされている「大きな音」は日本語訳の原文であるギリシア語聖書の正確な訳である。しかしルターはこれを「輝かしい音」mit hellen Posaunen と訳している。

（2）この部分はオレアリウスも指摘しているように「テサロニケの信徒への第一の手紙」4,16 に関わる。そこでは「合図の号令がかかり、大天使の声が聞こえて、神のラッパが鳴り響くと、主御自身が天から降って来られます」と言われてマタイの「ラッパ」が「神のラッパ」とされて、明らかに地上の、人の手になるラッパとは異なるものであることが告げられている。オレアリウスが指摘する関連箇所の中からいまは 2.Mos.19,16＝出エジプト記 19,16 及びゼカリヤ 9,14 を参照しておく[◆27]のが良いであろう。

三日目の朝になると、雷鳴と稲妻と厚い雲が山に臨み、角笛の音が
　　鋭く鳴り響いたので、宿営にいた民は皆、震えた（出エジプト記
　　19,16）。
　　　主は彼らの前に現れ／その矢は稲光のように飛ぶ。主なる神は角笛
　　を響き渡らせ／南からの暴風と共に進まれる（ゼカリヤ9,14）。

　前者の出エジプト記からの引用はエジプトを出たイスラエルの民がシ
ナイ山に到達し、そこでモーセが十戒を受ける場面での角笛である。ル
ター訳ではここも Posaunen である。これは後者のゼカリヤの訳にお
いても変わらない。無論、第一テサロニケでも「神のラッパ」は
Posaunen Gottes であって日本語訳の「ラッパ」は単に "Posaunen"
である。
　(3) Posaunen はトロンボーンを指すドイツ語であるが、ラテン語聖
書ウルガタではマタイも第一テサロニケも tuba と訳されている。これ
が最後の審判の際に天使が吹奏する楽器であることは図版3に明らか
であり、中世の tuba が近代のそれとは異なるものではあれ、いわゆる

[図版3] 中世の教会堂を飾った「ラッパ」（最後の審判）

ランス

ストラスブルク

「レクイエム」の中の「怒りの日」でトロンボーンが吹奏されるのもこうした聖書詞句を典拠とした楽器のイコノロジー（図像学）に由来する。

（4）ゼカリヤ 9,14 はそれに先立つ 9,9 がマタイ 21,1-9 に引用されていることで知られている。即ちゼカリヤ 9,9＝マタイ 21 の視点におけるエルサレムへの王の入城がゼカリヤ 9,14 と重ね合わされて楯の両面をなすと判断されるのである。

> 娘シオンよ、大いに踊れ。／娘エルサレムよ、歓呼の声をあげよ。／見よ、あなたの王が来る。／彼は神に従い、勝利を与えられた者／高ぶることなく、ろばに乗って来る／雌ろばの子であるろばに乗って（9,9）。

2）最後の審判に際して吹き鳴らされるラッパは「コリントの信徒への第一の手紙」15,52 に明記されている。

> 最後のラッパが鳴るとともに、たちまち、一瞬のうちにです。ラッパが鳴ると、死者は復活して朽ちない者とされ、わたしたちは変えられます（15,52）。

この部分に関するオレアリウスの指示はヨハネ黙示録 8,2 の記述である。
◆28

> [1] 子羊が第七の封印を開いたとき、天は半時間ほど沈黙に包まれた。[2] そして、わたしは七人の天使が神の御前に立っているのを見た。彼らには七つのラッパが与えられた。

この「子羊」はオレアリウスによればヨハネ 1,29 である——その翌日、ヨハネは、自分の方へイエスが来られるのを見て言った。「見よ、

世の罪を取り除く神の子羊だ」(1,29)。

　ヨハネ 1,29 の言表「見よ、世の罪を取り除く神の子羊」はウルガタ聖書に言う「アグヌス・デイ」Ecce agnus Dei, qui tollit peccatum mundi であり、これがミサ通常文の Agnus Dei として、但し言表の一部が変更されて用いられているものである。変更は、ウルガタでは agnus Dei が三人称単数で、かつ peccatum 罪も同じく単数で記されているのに対して、ミサ典礼文では Agnus Dei がミサへの到来の「子羊」に呼びかけるために二人称に、peccata 罪が複数に言い換えられて神の子羊＝キリストへの親しい呼びかけとされ、多くの人々の罪が担われるよう祈念されることになった。agnus Dei は Agnus Dei と記されて特定の、即ち「神の子羊」への祈りの文言が完成されることになったのである──神の子羊キリストよ、あなたは人々の多くの罪を取り除かれます。

　3) 以上を要して聖なるもの、キリストは時の終りの畏るべき大王としてラッパの音と共に到来されるが、そのキリストは十字架の、世の罪を担う神の子羊 Agnus Dei であって、この子羊こそが世の救いをもたらすと考えられて来た。そうしたキリストが降誕・誕生されるという。喜びは信仰に立つものにとって自ずから魂の踊り跳ねるほどのものとなるであろう。マリアの言う主を崇める魂は、降誕を予知しての存在の喜びである。

　4) 至高者、力強いもの、十字架の王、そうして子羊という相互に重なり難いキリストの形姿がバッハの手によってどのように形象化されたのか。その問いに対する典型的な、しかも小さな細密画の一例を『ヨハネによる受難の音楽』の中から引き出すことが出来る。

　(1)『ヨハネによる受難の音楽』の第 3 曲及び第 17 曲に使用されたコラール、ヨハン・ヘールマンの "Hertzliebster Jesu"（心から愛する

イエスよ）は『マタイによる受難の音楽』にも使われている。『ドレスデン聖歌集』に記載された全15節の内、前者には7・8・9の三つの節、後者には1・3・4のやはり三つの節が用いられている。『マタイによる受難の音楽』の方の3節がしかしイエスの受難記事に関わるのに対して、『ヨハネによる受難の音楽』の特に第17曲に選定された第8節は偉大なる王の姿を描き出して異質である。

Ach, grosser König, groß zu allen Zeiten
あゝ、偉大なる王、大いなるかなあらゆる時にあって

という詞は『ヨハネによる受難の音楽』の第1曲の詞に呼応している。

Herr, unser Herrscher,　　　主よ、私達の主よ、
　　dessen Ruhm　　　　　　　その名声は
in allen Landen　　　　　すべての国にあって
　　herrlich ist.　　　　　　　栄光に輝いています。
Zeig uns durch　　　　　示したまえ私達に、
　　deine Passion　　　　　あなたの受難を通して
Daß du,　　　　　　　　即ちあなたが、
　　der wahre Gottessohn,　真の神の子であるあなたが、
zu aller Zeit,　　　　　いつの時にも
auch in der　　　　　　大いなる卑しめの
　　größten Niedlichkeit,　　中でさえ
verherrlicht worden bist.　栄光を受けられていますことを。

　（2）受難の最中に栄光の王にして神の子であることの具体的例証は『ヨハネによる受難の音楽』の二つの曲によって、しかも二つの曲の各々において提示されているのみならず二つの曲を繋ぎ合わせて考量す

るときにバッハの追求したキリスト論の意味は明確化される。

　二曲の内のまずは第 30 曲のアリア、特にその中間部——このアリアは既述されたように（35 頁）アリアに先立つレチタティーヴォに配された聖書テキスト、ヨハネ 19,30 の「成し遂げられた」Es ist vollbracht の敷衍であり、十字架上の死によって「成し遂げられた」神の救いの計画が、この死によって終わるのではなくして、アリアの中間部において姿を現す勇士、即ち、第 1 曲の詞に言う、受苦の最中にもあなたは栄光の主であられたというそのことの具体例、真なるものであることを示して、神の子によって死が克服され、それによって神の救いの計画が完了されることを雄弁に語りかけるのである。ABA’ の形をとってまとめられた AA’ が受難の調性である h Moll であるのに対して、その受難＝死の響きを突然に打ち破って B 部分には D Dur の栄光＝Gloria の調性が充てられているのも如上の事柄の音楽による証明のためである。

| | |
|---|---|
| Der Held aus Juda | ユダ（族）から出た勇士が |
| siegt mit Macht | 力を示して勝利され |
| und schließt den Kampf | 以て闘いを終息させる |

　B 部分の末尾での「闘いの終息」を歌う詞の反復——修辞的技法を凝らした、死を超えることへの揺るぎない信をそこに聴くことが出来る、が、あくまでもその克服は十字架上の死によってもたらされるという。曲の最後の A’ における「成し遂げられた」Es ist vollbracht の朗誦はまさしく「それは終息した」Es ist vollbracht を告知して余りある。しかも「成し遂げられた」の言表が文法上の現在完了で言われて、かつて「成し遂げられた」事柄が今に及んで「果たされている」ことを表しているのに対して B 部分の「闘いと勝利」における闘う様は現在形で表されて、今日においてなお、いま目前において十字架上の闘いがなされ

てこそ「勝利」は確たるものになることが説かれている。バッハの時代にも、またバッハの作品それ自体の中でも、キリスト教が説いて強調した、信仰に立つ各自が自己の十字架を担い「キリストに倣うこと」Imitatio Christi の教説がここに響いていると判断出来るであろう。十字架は独りキリストにのみ与えられたのではなく、各自がそれを自からの問題として受け取ること、即ち十字架の共苦 compassio への誘いはバッハ作品の響きの解明に関する鍵のひとつである［譜例14］。

　加えて要は、ここに内在と顕在の、ルターがそこに信仰の一中心点を見た、目に見えないものが内在して在ることを、即ち十字架上のキリストの形姿それ自体の中に、密かに閉ざされて在るこの神の子の在ることを見透し得るかどうかが問われているのであって、曲の形の ABA' は単に曲の構造を示して終わるのではない。AA' は十字架の受苦のキリストの姿であり、B は、そこに見透された栄光の、真の神の子の描き出されて顕在されているその姿が、見透し得るものの目に見透されて見えている様を響かせているのである。われわれは即ちいま十字架像の前に立っているにすぎない。しかしバッハには、その十字架像の中に響いている栄光の輝く音が聴こえたのであろう。その輝かしい栄光の調べを、事柄の本質的在り様からして言えば、A の上に重ねて響かせたのである。

　次に、上のアリアに重ねて検討するのは『ヨハネによる受難の音楽』全体の締めくくりとして置かれた最後の小さなコラールである。無論、終末は始まりに繋がる。最後のコラールは第1曲の響きと結ばれてその詞の意味を正しく伝えると言えるであろう。いわば、アリアの ABA' は『ヨハネによる受難の音楽』の全体像を要約して『ヨハネによる受難の音楽』もまた第1曲＝終曲コラールを AA' とし、これに枠づけられた第2曲以下を B とする構造を示すことになると言えるのである。

　受難曲は通例、受難曲が演奏される十字架の金曜及びこの日に続く翌土曜の安息を祈念する日の典礼の内容に一致させてイエスの埋葬で終曲する。同じバッハの作である『マタイによる受難の音楽』がその典型的

一例である。しかし『ヨハネによる受難の音楽』はそれとは異なって復活後の、いと高きところにいます栄光のキリスト、天の王への祈念で曲を閉じる。それは終曲コラールの冒頭部分の詞に既に明らかである。

Ach Herr, laß dein lieb Engelein am letzten End
die Seele mein in Abrahams Schoß tragen
あゝ主よ、あなたの愛しく可愛い天の使いを差し向けて終の時に
わたしの魂をアブラハムの膝へと運ばせたまえ

　アブラハムの膝は天上の神の許、の意であり、わが終の時に引き取る息が神の手に委ねられるようにというこの祈りは、改めるまでもなく天上の御座につかれた天の王に対する祈りであり、この祈りが捧げられる背後にはヨハネの福音書それ自身に内在するキリスト・イエスをめぐる宇宙論的記述が存する。ヨハネ福音書ではその冒頭に天上の神の許に、神と共にいますロゴスの天の下なる宇宙への、さらに地上の人の世への到来もしくは受肉が告げられ、やがて十字架後の復活・昇天が報告されて書巻は閉じられる。
　要約して図示すれば、天上から降下するロゴスの描く線は地上に在ってひととき、再び天に向って上昇の線を描く。このU字形のロゴスの軌跡の全体が『ヨハネによる受難の音楽』の第1曲と終曲コラール及びこの二つの曲に挟まれた各曲によって表されているのである。二曲の間の各曲はともかく、このU字形を念頭に第1曲の詞を改めて目にすることによって福音書と受難の音楽の対応は容易に把握され、受難の音楽の中で描写される受難のイエスの背後に浮上する天の王キリストの姿が明瞭になるはずである。

Herr, unser Herrscher, dessen Ruhm in allen Landen herrlich
ist.

われらの支配者 unser Herrscher はわれわれを、そうして宇宙の万有を治める万軍の主キリストであり、その名声はあらゆる国にわたって燦然と輝いて dessen Ruhm in allen Landen herrlich ist は詩篇 8,2 から採られているが、その背後に在って神学的支えをなしているのは明らかに詩篇 19,2–5 なかんずく 4・5 である。

> ² 天は神の栄光を物語り／大空は御手の業を示す。／³ 昼は昼に語り伝え／夜は夜に知識を送る。／⁴ 話すことも、語ることもなく／話は聞こえなくても／⁵ その響きは全地に／その言葉は世界の果に向かう。

　それを前提に、と言って構わないであろう。続く受難の音楽の詞は受苦されて卑しめられているその時にそれが神の子の受苦であることを彫琢する。いつの時にもあなた、真の神の子は栄光を受けられて……。

　作品というものは通例、冒頭ははじまりを意味する。だが『ヨハネによる受難の音楽』はかく明らかに終曲コラールが「はじまり」の、天上のロゴス・キリストの存在を告げ、そのロゴスの描いた U 字形の宇宙的存在の姿を第 1 曲から順次に説くのであって、恐らくバッハの作品は、この受難の音楽に限ることなく好んで、ヨハネ 1・1 の意味における「はじまり」についての説明をなしていると言い得るであろう。

　(3) E Dur "Inventio" の構造 ABA' の A'、再帰して訪れる新たな「はじまり」は 43 小節目に置かれている。43 はゲマトリアに照らして Credo＝「私は（そのことを）信じます」である。当然、先立つ小節は数にして 42 を持つ。42 は 14×3 であってイスラエルの歴史においてキリストの到来を待望する数である。それでは果たしてバッハの筆が刻

んだ 43 の数 Credo に、その事柄を信じて待望するキリストの到来は明示されているのかどうか——E Dur の "Inventio" は 8 分の 3 で時を刻んで行く。42 小節の時の流れは 42×3＝126、続く Credo の 43 の、再帰する到来の「はじめ」は 126+1＝127 である。

> 127＝Crucifixus＝十字架につけられたもの
> 127＝der Held aus Juda＝ユダから出た勇士、キリスト
> 127＝『ロ短調ミサ』の Quoniam tu solus Sanctus＝あなたが唯一の聖なる方でありますから＝127 小節で記されている

E Dur "Inventio" における「127」はいかなる意味においても偶然の産物とは考え難い。

併せて次の事実がこの「127」の意味を深める——曲全体に響く「喜び」の figura は 3 音符を一単位としている。従って 1 小節は 3 単位、9 音符になる。小節 42＝到来するキリストを迎えてバスにオクターヴ＝宇宙の跳躍が置かれている。跳躍してオクターヴ上の gis から下降する線を描いて「到来」を告げるバスの流れの「はじまり」の gis は曲頭から数えて 376 になる。

> Qui tollis peccata mundi
> miserere nobis

Agnus Dei への祈り——この 2 行はゲマトリア 376 の数を持つ。まさしく「到来する」キリストは宇宙の穢れを担う神の子羊である。しかもこの Agnus Dei のテキストの「担う」tollis はミサ典礼、教会での食事のために来られる Agnus Dei であって二人称の呼びかけを表している。それに対して訳せば同一の「担う」ではあっても聖書（ヨハネ福音

書1,29）に記されているウルガタ・ラテン語による tollit の場合は62頁に前記されたように三人称になって客観的である。376のキリストこそまさしく「あなたが唯一の聖なる方」tu solus Sanctus であります、とバッハは語る。

[II]

E Dur "Inventio" 全体の構造、別言して時の流れ＝歴史の流れを象徴的に音楽の構造として捉えたバッハの構想はこれまでに検討された聖書的・神学的事柄に一致する。作品の構造が歴史の構造を直接に映し出しているのである。この曲をはじめとする Inventio・Sinfonia の曲集が「教材」であることを考えるとき、バッハが行ったレッスンの場の情景が改めて想起されるであろう。単なる指の動きの指導ではなく、一片の小品を成しているまさしく "inventio" の探求、上に記された意味での作品の「構造」についての師弟による問答。それこそがバッハにとっての「レッスン」即ち世界についての、歴史についての、かつ宇宙とその創造についての「教育」の場であったに違いないであろう。今日のそれとは完全に次元を異にするレッスンの情景である。

反復記号までの前半は20小節、以降の後半は42小節。全体は62小節。反復記号を越えて42と43の小節の間で歴史を区分した場合、反復記号までの20+22＝42、43から62までが20となり、ABAの構造は20+22+20、反復記号を活かした場合は20+20+22+20+22+20となる。後半のBは $\alpha + \beta$ (22+20)＝42×2 即ち受難の「22」と宇宙を治める者 Dominus Deus Sabaoth を指し示す「20」の二つの相の一体をなしての再帰が響かせられることになる。その全体「42」はこれも到来のキリストを告げている。

20＝10×2　10は宇宙を形成する四元素の全体 1+2+3+4＝10＝万有とそれを整える数的秩序を象徴する。

反復される 20＝40　イエスは 40 日間を荒野で過ごされた（マタイ 4,2）復活してから昇天までの 40 日に亘って使徒達に現われ神の国について話された（使徒行伝 1,3）同じくモーセは十戒を受けるまでホレプの山で 40 日、40 夜を過ごした（申命 9,9）etc。40 はまたキリストの十字架に拠って治められる万有 4×10 を表わす。

22＝キリスト・十字架に結びつく詩篇 22

22×2＝44　前記の『ヨハネによる受難の音楽』30 番のアリアは 44 小節。"Der Held aus Juda" が姿を現すのは 20 小節目。

44　三位一体の視点から眺めた場合に 44×3＝132＝O Lamm Gottes（神の子羊）。これを詞とするコラールは『マタイによる受難の音楽』の第 1 曲にその姿を現わす。また 44 はキリストの十字架 Creutz＝88 に直接する。

62＝31×2　31 は P.N.C　pro nobis Crucifixus（私達のために十字架につけられたもの）

2 はキリストにおける神性と人性、二つの本性

62×2＝124　Benedicimus te　私達はあなたを讃えます

［III］

個々の部分に関して。

1) T.（小節）1-4 に基本素材が置かれている。ソプラノは 5 小節目の第 1 音が 1 小節目からの下降する figura の「終り」であり、同時に T.1-4 のバスを受け継いだ新たな「始まり」$\alpha＝\omega$ を表明している。

ソプラノ声部の figura、下降型の天から地へと降下するカタバシスと呼ばれる型を figura 1、これと逆に、BWV71 及び詩篇 24 における形象について既述された宇宙＝オクターヴの枠を形成させて E から上昇

するバス声部のアナバシスの型のそれを figura 2 とした場合、figura 1 は E から Fis までの下降がゲマトリアで 146、それに続く 4 小節目を中心とした動き（カデンツ）が 228 となる。

  146＝Rex Judaeorum　（ユダヤの王）
  146＝Rex Coelestis　　（天の王）
  228＝38 pax（平安）×6 → 38＝3・8＝24：24×6＝144（天上のエルサレム）

　一方のバス、アナバシスは E から E までのオクターヴの上昇が 147, 3・4 小節のカデンツする 5 音符が 79 という数を内在させている。

  147＝ex Maria Virgine（乙女マリアから）
  79＝sterben（死ぬ）

　キリスト・イエスは天上から地上へと降下・到来される。そのキリストは「ユダヤの王」として十字架上で息を引き取られ（ヨハネ 19,19）また宇宙を治める「天の王」Sanctus Dominus Deus Sabaoth としてその姿を現す。降誕・受肉はルカ 1 によれば「乙女マリア」によって身籠られ、ベツレヘムで誕生されたが、それは十字架の死を受苦するためであった。ヨハネ 19,19 の全体は「ナザレのイエス、ユダヤ人の王」であり、ウルガタのラテン語 "Iesus Nazarenus Rex Iudaeorum" の頭文字を採った INRI は、48 としてバッハ作品に繰り返し使用されているほか、グリューネヴァルトその他の画家によって十字架像の中に描かれている［図版 4］。

  48×3＝144（天のエルサレム・神の国）

また 48 は 24×2 としてヨハネ黙示録 4 に描かれた天上の典礼におけ
る玉座を囲む 24 の長老達の強調数を意味し、玉座に着いておられる方
の周囲で四つの生き物がこの「聖なる方」を讃美して Sanctus を 3 回
反復して歌う。[29]

　2) T. 7・8・9　　　　　7 小節目のソプラノ H、8 小節目のバス六つ目の
　　　　　　　　　　　　Gis はいずれも曲頭から 30 番目の音である。
　　　　　　　　　　　　8・9 小節目の境の前後で時の流れは区分される。
　　　　　　　　　　　　9 小節目のソプラノ・バス両パートの音はいずれ
　　　　　　　　　　　　も曲頭から 33 番目になる。
　　　 7+8+9＝24　　　 24 は 24 時間即ち一日中、いつの時にも。ヨハ
　　　　　　　　　　　　ネによれば到来するロゴス＝光、キリストの光は
　　　　　　　　　　　　常に人を照らす（ヨハネ 1,1 以下及びヨハネ黙示録
　　　　　　　　　　　　21,22 以下）。

［図版 4］　グリューネ
ヴァルト「イーゼンハ
イムの祭壇画」（部分）

24 は 12 星座に関わって宇宙の秩序を指し示して「天の王」を浮かび上がらせる。

24 は宇宙を構成する四元素の総体＝万軍を象徴する数として捉えられる。

$1 \times 2 \times 3 \times 4 = 24$

24 は 4×6　　　　4 は地上的なものを象徴する四角／正方形、6 は聖書の述べる創造の行われた 6 日間。中世以来「6」の意味を問うた論文等が記されていることにも要注意。創造の 6 日間をプラトン哲学との関係で講解する『ヘクサメロン』ないし音楽を構成する「6」としての「ヘクサコルド（6 音音階）」はバッハの創作に深い関わりを持つ。

24 は天上のキリスト　Agnus Dei の御座を囲んで讃美の歌「聖なる方」Sanctus を繰り返して唱える 24 の長老達を指す（ヨハネ黙示録 4,4）。『ヘクサメロン』とも関わって、北フランス・シャルトルのカテドラル等の入口上部の半円部分にこの長老達は彫り込まれている。教会という建築は「天上のエルサレム」「天上の礼拝」を地上に映し出すものとしてそこに在る［図版 5］。

3) 30 はキリスト・イエスが宣教を始めた年齢であるとされる（ルカ 3,23）。

33 はキリスト・イエスが地上で過ごされた降誕→十字架・復活・昇天までの年数とされる（エフェソ 4,13 に関する中世以来の解釈）。

4) T.7 の音名 H＝8, Gis＝34　　8+34＝42（14×3）。到来するキリスト。

5) T.8・9 → 89　　89 は Timor Dei（神への畏れ）。

6) T.9 の音名 Gis＝34, E＝5　34+5＝39＝笞打ちの数。

　　　　　　　　　　　　　　この小節に置かれた 33 番目の二つの音、33+33＝66 はキリストを象徴する 2 に関わって 66×2＝132＝O Lamm Gottes＝『マタイ…』第 1 曲のコラール詞における神の子羊＝Agnus Dei。

7) T.20 のカデンツは H＝8×4 に Fis と Dis が加わる。

　　　　　　　　　　　　　　8×4＝32
　　　　　　　　　　　　　　Fis＝33　Dis＝31
　　　　　　　　　　　　　　32+33+31＝96＝48×2
　　　　　　　　　　　　　　48 は INRI　また 48×3 として 144

［図版5］ 北フランス・シャルトルのカテドラル入口上部

8) T.42（14×3）のカデンツは Gis×3 に Dis と H が加わる。

$$Gis\ 34×3＝102$$
$$Dis＝31\quad H＝8$$
$$102+31+8＝141×2（再びキリストの二$$
つの本性）＝282 は passus et sepurtus
est（受苦され葬られた）のゲマトリア

［IV］

　この作品の Inventio＝それについて探求し、その何であるかをめぐって論議し検討すべき問題点の提示を冒頭の4小節と判断した場合、E Dur "Inventio" はこの4小節間に提示された問題点を絶えず、全曲に亘って検討・検証して行くことになる。楽曲の形姿はこの検討・検証の進展が描くその軌跡にほかならない。

　1) この基礎部分（T.1-4+）はソプラノが20音符、バスが13音符で形成されている。

　　20+13＝33

　2) バスの4小節目の第3拍は休符＝空白の時間になっている。この空白の時間を、弁論の突然の中断に拠って次に述べられる事柄、次に現れる事象への聴き手の関心を高める修辞法のひとつアポジオペシスの応用と捉えた場合、それは単なる休みではなく、未だ姿を現さないものの突然の顕現を待望する「とき」の表現ということになる。キリスト教絵画に描かれた空の玉座に対応する、到来を待ち受ける座の表現と判断するのが正しいであろう。譜例15は『マタイによる受難の音楽』第27曲 b のアポジオペシス。なお、註29を併せて参照。

3) T.1–4　　　　　バス　　　　　13 音符+1＝14 ┐
　 T.5–8　　　　　ソプラノ　　　13 音符+1＝14 ┤
　 T.21–24　　　　ソプラノ　　　13 音符+1＝14 ┐ │ シンメトリー
　 T.25–28　　　　バス　　　　　13 音符+1＝14 ┘ ┘

　ここに共通する「14」は 896＝14×64：64＝8×8 → 88＝Creutz 即ち十字架の道を歩んで註 19（PART Ⅱ）に記されたキリスト論に関わって行く。

　対称をなすこの構造に続く部分、9–20 及び 29–42 は前者が宇宙的意味での 12 小節、後者がキリスト論的かつ歴史的出来事の再帰的意味での 14 小節（マタイ 1,1–17）。

4) T.1　　　　　　バスとソプラノは E+E＝5 と 5 → 55
　 T.21　　　　　 バスとソプラノは H+H＝8 と 8 → 88
　　　 55＝1 から 10 までの総数の和。10 は完全数。また四元素を表して 1–4 の和。いずれも宇宙・万有の象徴数。
　　　 88＝Creutz（十字架）あるいは Passion（受難）のゲマトリア。

［Ⅴ］

　修辞的・音型論的技法を駆使してアナバシスとカタバシスが曲の全体に織り込まれている。中でも T.28 以下と T.32 以下。

1) T.28–31 はいわゆるクリマクス climax、小さな音型を一音ずつ高めながら反復使用する、階段を上がるに等しい、もしくは天へと昇る高揚を表す figura が使われている。28 → 31 までの小節数の和は 118＝Lamm Gottes（神の子羊）である。

　　　 28＝7×4 → 77・77 と 捉 え る。77 は Agnus Dei（神 の 子 羊＝

Lamm Gottes）のゲマトリア

77+77＝154＝Christe eleison（キリストよ、憐れみを）のゲマトリアかつ 28×32＝896

896＝et in unum Dominum Christum

Filium Dei unigenitum

et ex Patre natum

ante omnia saecula

唯一の主であるキリストを

唯一の、神から生まれた御子、即ち

父の本性から

すべての世に先立って生まれた御子を

私は信じます

29＝S.D.G.　　Soli Deo Gloia（唯一の神に栄光）の略

30＝キリストが宣教を始めた年齢

31＝P.N.C.　　pro nobis Crucifixus（私達のために十字架につけられたもの）の略

――――

118＝88+30

キリストが十字架（Creutz＝88）への宣教の道を歩み始めた年齢（30）

　2）バッハの作品の中にしばしば現れる特徴ある書式のひとつ。音型、フレーズの動き方がそれが置かれた前後と異なるか、あるいは曲全体の中で或る特定の場にのみ用いられる書式が採られている場合、そこには何か表現の強調点が存在する。

　T.32-35 のバスは 2 小節を単位としてここでのみ用いられた動きを見せている。バスの 6 音符によるフレーズ ×2 は 3・3+3・3 → 33・33 となってキリスト・イエスの地上の年 33 を示している。またその二つのフレーズ 6+6＝12 は宇宙の構造、12 星座を象徴し、6 音が形成するフレーズの全体に亘ってこの宇宙を治めるキリスト・イエスの降誕が論

じられる、と同時に数と人間の思考ないしイデアを探求し、これを見知る「視」の不可思議な一致が描きだす「一」なる放物線の軌跡であると言えようか［譜例 16 を参照］。

　6 音が位置する 4 小節はその前後に各 3 小節のフレーズを持ち、3・4・3 のシンメトリーを構築している。29–31, 32–35, 36–38 の小節であり、これに流れの全体のカデンツ、小節にして 39–42 が続く。従って──

　　　29–31, 32–35, 36–38, 39–42

が 6 音の神学を支える基礎構造＝基盤となる。各部分に配置された神学＝キリスト論の数的象徴は次のようである。

　　　29・30・31＝総数は 90＝30×3

　各小節の第 3 音は総て dis＝31 である。これを並記すると 313131 →意味論的に分解すると 333 と 111 となる。そのゲマトリア──

　　　333＝Domine Deus Agnus Dei Filius Patris
　　　　　　主なる神キリスト Agnus Dei 父の御子
　　　111＝Laudamus Te
　　　　　　私達はあなたを讃美します

　それ以外の 2 音は各小節毎に 42,88,42 であって到来のキリストを指し示す 42 とそのキリストの十字架 Creutz（88）を表している。但し 42 にはキリストの系譜と同時に次の意味も備わっている。

　キリストが地上での活動を始めたのは 30 の時でありこれに基づいて 42×30＝1260 は算出される。

　1260 は 3 年半の日数に等しく、30 から 33 までのキリストの地上の活動の日々、洗礼から十字架の死までの時に等しい。また 1260 は

30+31+32+33＝126×10 としても捉えられる。この、42 に関する二つの側面から 29–31 のフレーズを捉え直すなら、キリスト・イエスはイスラエルの歴史に対する神の介入・救いの業を果たすべく十字架に架けられた＝Es ist vollbracht. その活動は 3 年半、1260 日であった、ということになるであろう。しかし人は何故「42」と「30」という数をその思索で捉え、この二つの数の間に歴史的・宇宙論的・存在論的意味が内在していることを発見し得たのか、かつ、何のためにそれを一冊の「書」に内在させて一篇の歴史的伝記を記すことにしたのか。思えば不可思議な話である。今日、このような謎を秘めた『聖書』を誰もオカルト哲学の秘術の書とは考えないであろう。思えば、これも不可思議なことである。

ともかくも、そのようなキリストへの讃美は 333 及び 111 に拠って告げられている。

次のフレーズ 32–35 の小節数は 134＝Soli Deo Gloria＝「唯一の神に栄光」である。フレーズは dis のオクターヴ跳躍で開始され 36 の小節に懸って cis-fis で終わる。◆30

dis → dis＝31・31＝62＝Dona nobis pacem＝「私達に平安を与えたまえ」である。

cis → fis は文字数にして 30 → 33 であって、文字通りにキリストの地上の活動を表わしている。

dis に始まり 33 で終わるフレーズの意味には幾つかの譜読みの可能性が備わっているが、いまは以下のように読んでみる。

dis＝31 は PNC であって、人々が求める「平安」のためにキリストは十字架につけられた pro nobis Crucifixus の略である。

32・33 の小節の 6 音は冒頭の dis を除くと dis・cis・his・cis・dis となる。ゲマトリアで読んでこれは 31・30・35・30・31 であって、31・30＝61×2＝122＝das Himmelreich（天の国）からの降誕を祝賀

することになる。34・35の小節の第1音を除いた5音は30・8・28・8・30であって、ここに存在する30・8×2と先立つ小節の31・30による61×2＝122とが一体化されて61・38→99×2→198＝Nativitatis Domini（主の降誕の祝日）を響かせることになる。フレーズ中の残された2音、hisとaisは35・28＝63＝Sabaoth（宇宙・万有を治めるキリスト・イエス）である。34・35の2小節の二つのhは88＝Creutzであり、天の国から降誕の祝日に地上に来られて十字架につけられたキリストの日々はcis-fis（30–33）の3年間、詳しくは1260日であったことが響かせられcis-fis音によって物語られていることになる。少なくとも32–35のフレーズは凝縮された受難物語であると言わねばならないであろう。

　それを異なる言表によって証して36–38の3小節の始め、36の小節は小節数「36」それ自体が36→72→144と天上のエルサレムを表わすばかりでなく、そこに置かれた3音fis・h・disも33・8・31として計72を響かせている。天のエルサレムは言い換えて「天の国」das Himmelreichであると37の小節の3音は言う。38の小節はdis・gis・h＝73である。73はキリストの二つの本性に拠ってこれを2倍すると146＝Rex Judaeorum（ユダヤ人達の王）もしくはRex Coelestis（天の王）となって地上の、かつ天の王キリストを表明することになる。

　最後を締め括る39–42の、39・40の小節は30・30・30・28・60の音＝ゲマトリアを持つが、この数列は30×3＝90、28・60＝88となり90＝sapientia＝真の知恵＝哲学を含意していることになる。従ってここの段落は十字架（88）をめぐる哲学的思想を問い、かつそれによってルカ2,40「幼子はたくましく育ち、知恵に満ち（ている）」様を伝え「知恵と識別の霊」（イザヤ11,2）に満たされたエッサイの若枝＝キリスト・イエスを人々に告げ知らせていることになる。

　41・42の小節の音・数は34・30・31・34＝129である。これに文字の入れ換えの技法をあてはめて作り出される192はDomine File unigenite＝主なるキリストへの呼びかけ、祈念ではあるが、ここには神による万有の創造の問題が内在している。キリスト教の中心概念に属すもので、万有、すべてのものは神による創造によってもたらされたのであるが、キリストのみは御子として唯一、神（父）から生まれたものとされている。神（父）と一体をなして神（父）から生まれたがゆえに万有、神による被造物を超える存在として万有を治め得るという。存在、即ち在って存するものは何によってその在ることを保証されるのかという根本的存在論に立つものであり、この問いに対する答え、信を堅くしていればこそ、バッハにとって「音楽」は万有の調和を表わす神の創造による神聖なハルモニアであった。

E Dur "Inventio" の figura はこの意味からして在ることの真実に触れ得たものが踊り歌う喜びを表明する figura であると言わねばならないであろう（前項「到来」における詩篇 24 等にみられた「万軍の主」を参照）。

バッハは "Inventionen und Sinfonien" の曲集を最終的な形にまとめ上げるに際して自ら筆をとって "Cantable Art" 即ち「歌う技」を音楽演奏において im Spielen 学ぶための曲集という説明を付している。

この「歌う技」はフレスコバルディからショパンやブラームスに至るまでの器楽演奏において求められるものであり、本来は歌（詩）の歌い方（朗誦法）を音楽にあてはめることを旨とするものであって、歌の歌い方は即、テキスト＝ことばの解釈に結びつくものであった。従って器楽において歌うことは改めるまでもなくことばを語るように、語り歌う響きの創出に関わるものであった。

バッハの器楽曲、例えばこの "Inventionen" において構造の中心を担うのがコラールであることも、歌う器楽の在り方に深く関わってくる。と共に、E Dur "Inventio" の中でとりわけて神学的に、かつ祈りのアフェクト（魂の声）において精巧な構成が取られている 29–42 のフレー

ズにおいて、特別に深い陰影を響かせるべくバスのパートに流れる8分音符のメロディーが置かれていることは充分に注意されなければならない、この "Inventio" の演奏上のポイントのひとつである。

バッハの作品において、その究極の在り方を心に刻んで歌うことは殆ど常に祈ることに等しく、なかんずく魂の平安を求める祈念の歌を歌い上げることがそのままに、バッハの作品を演奏することの意義に連なることを忘れることは出来ないであろう。平安 pax こそ、バッハが終生をかけて追い求めた魂の祈りであった——自らの存在の在ることの確認が得られたそのときの、私はここに在る、私は私が在ることを私を超えたもの、聖なるもの Sanctus によって保証されていればこそ、私の魂は喜び踊るのだ、というのがバッハのメッセージであり、かつこのメッセージこそが "Magnificat" という作品を生み出す基をなして響く魂の声であったと判断される。

十字架の年「33」の小節に続くバスの流れの中に cis・h・h・cis＝30・8・8・30 の音符が置かれるとき、この四つの音によってバッハは十字架（88＝hh）に不可分の平安 pax＝38＝cis・h を重ねて歌ってその祈念を深くしたのであった。

3) T. 43–46 はいわゆる再現部であり、43＝credo（私はそのように考えている）及びソプラノの E 音が神学的特別な意味を担うものであることは既に記された。この歴史的事柄の、神の介入の再起を象徴する部分の4小節は 178 の数を持つ（43＋44＋45＋46）。

178＝Gratias agimus tibi（私達はあなたに感謝します）
178＝in Gloria Dei Patris（父なる神の栄光の内に［在りますあなたに］）

ゲマトリア 178 が語る "Gratias agimus tibi" はミサ通常文の Gloria

に含まれる。バッハは『ロ短調ミサ』のGloria章の中でこのテキストに付曲した音楽＝旋律を即ち万有を治める法則として『ミサ・ロ短調』の最後を飾る平安の願い"Dona nobis pacem"のテキストに再び用いてミサ全体をまとめたのであった。Gratiasによる感謝に対して与えられるであろういわば神の応答を考えていたのであろうか、同一の響きの中で祈念される平安は明らかにキリストへの祈念である。Gratiasによって感謝する神の大いなる業は、この響きによる連関からして十字架のキリストが与えられたことへの感謝であることが、ミサ・テキスト、通常文の最後に置かれたAgnus Deiの作曲に際してのテキストの扱い方に表明されている。

通例であればAgnus Deiの最終行であるDona nobis pacemはAgnus Deiの一部として扱われ作曲されるのに対し、バッハはこの最終行を切り離して付曲し、平安の祈念の深いことを訴えたのである。『ヨハネによる受難の音楽』の、受難の調性であるg Mollを採った"Agnus Dei"に続く平安の祈念「与えたまえ、私達に平安を」Dona nobis pacemが栄光の、D Durに置かれたのは神の子羊キリスト＝Agnus Deiが天上の栄光のキリストであることを音楽の調構造によって表すためであったと判断される。しかもミサという典礼にあって、このAgnus Deiは既に祭壇上に再臨されている。当然に、祈念の呼びかけは彼方への呼びかけではなく、いままさに臨在されているAgnus Deiへのむしろ内的な深く祈りの充溢した響きでなければなるまい。静謐な、かつ華やいだ響き——バッハの筆が描いた"Dona"（与えたまえ）の響きがその祈りを伝えて余りあるであろう。[31]

このGratias＝Donaの関係は単にE Dur "Inventio"に関わる問題ではなく、InventioとSinfoniaの計30の小品を「作品」として存立させている基礎素材＝基礎をなすinventioがここに在ることからして曲集全体の表現の基体がGratias＝Donaになるという点で重要なのであ

る。恐らく曲集のどの「作品」を演奏する場合でも表現の基礎には感謝と平安の祈念が横たわっていること、かつその感謝と平安の祈念が何に由来するのかという原因の探求と解明が、この曲集を手にする各自に課せられた課題なのだということを知解することが最重要課題であると言わなければならないであろう。

　曲集の基体として「エレメント」をなす figura は E Dur "Inventio" の場合は次の譜例のようになる［譜例 17］。また、C Dur "Inventio" の冒頭部分が Gratias＝Dona に一致することは容易に読み取れる［譜例 18 の Nr. 1 と『ロ短調ミサ』の 2 曲冒頭］。だが作曲の年代的経緯からすれば Inventio＝エレメントが先にあって、それがミサに転用されたのだと考えるのが自然である。但しエレメントにはテキストが付されていないため、エレメントだけからこの Inventio の問題を特定することは難しいであろうが、バッハの長期に亘る創作活動に一貫している作法、即ち多数の作品を内的に関連づけて一種作品相互間の連繋による表現のネットワークを形作り、そこから個々の作品の表現課題を演繹して行く手法から判断して「エレメント」を「感謝と平安の祈念」として捉えることは十分に可能である。

　その晩年にライプツィヒでいわゆるオルガン・ミサをバッハはまとめているが、それに先立って早くクラヴィーアによって "Inventionen & Sinfonien" と題された音楽のミサはまとめられていたと判断してかまわないであろう［各曲のエレメント＝譜例 18・19 の一覧参照］。

　［VI］

　E Dur "Inventio" における降誕・誕生については二つの聖書記事からその内容を検討することが出来るが、ルカ 2 の羊飼い達への告知が G Dur "Inventio" に直接しているのに対して E Dur の方はルカ 1 に記載されたマリアの感謝の歌である Magnificat に作品の根を降ろしていると考え得る。天使からの受胎告知を受けて驚き喜ぶマリアの心の内に

こそ E Dur "Inventio" の喜びの figura はその誕生の座を持つことにな
る。そのことの具体的証しとなるであろう、本論の最後に曲の末尾の
57 小節以降を取り上げて分析を試みる。

　1) T.58　ソプラノはこの曲で唯一、ここでのみ fis を長く歌う。次の
小節にかかる fis＝33 を 16 分音符の「7」の刻みと読んだ場合、旧約創
世記における万有の創造と神の安息をそこに聴くことになる、と共に
「33」という数が告げる十字架ゆえの新たな創造の軌跡がそこに浮上し
て来ることになる。

　この「7」を 3+4 とした場合 3×33＝99、4×33＝132 となる。

　99 は in Gloria Dei 即ち神の栄光の内に在ります 132＝O Lamm
Gottes 神の子羊 Agnus Dei の姿をそこに見ることが出来る。

　2) T.58 の 3 拍は 16 分音符で捉えて 6×33＝198 Nativitatis Domini
キリスト、主の誕生である。

　3) T.59 のソプラノに、これもこの曲で唯一の、16 分音符による下
降音階が記されている。音階をなす 6 音は 3 と 3 に区分し得る。

　　fis・dis・h＝72：e・cis・a＝36

　いずれも「天のエルサレム」を指し示している。36 → 72 → 144

　そのときバスは gis・a・h・e＝34・1・8・5＝48 即ち INRI を奏で
て十字架によって担われる qui tollis peccata mundi 宇宙の浄化→新た
な宇宙の創造の主キリストを響かせる。

　4) T.58 はこの曲が反復演奏された場合 82（20×2+42）+38＝120 の
数を示し、12＝天空・宇宙 ×10 を響かせている。このとき、小節 120
の第 1 拍は 119×3＝357+1＝358（番目の拍）となる。次の第 2 拍は改
めるまでもなく 359、第 3 拍は 360 である。

　358＝Benedictus qui venit in nomine Domini

359＝pleni sunt coeli et terra gloria tua

　これを訳して、主の御名において来られる方、待望の主、あなたの栄光がいままさに、その到来のゆえに諸々の天と地に充ち満ちています、となって、そこに主 Agnus Dei を戴く「天上のエルサレム」＝360 の降下は描き出されることになる。

　5）曲全体を締め括る最後の3小節はバッハの創作法に見られる新たな宇宙・世界の展望を響かせる終の告知、カデンツであって、T.60・61・62 の3小節は反復されて 122・123・124＝369 となる。これにキリスト・イエスの二つの本性を、もしくは楽曲構造の、ソプラノとバスの二つの世界を象徴する「二」を重ねた 369×2＝738 が正しく E Dur "Inventio" の本性を表明する。

738＝magnificat anima mea Dominum
　　　et exsultavit spiritus meus
　　　in Deo salutari meo
　　　私の魂は主の存在の重みを讃えます、しかもそのときに
　　　私の霊も喜び踊るのです
　　　私の救い主であります神に在って

　以下に、本講解の最後にそのマリアの感謝にして讃歌の歌である Magnificat のテキストにバッハがこれを読んで解釈したバッハの "Magnificat BWV243a" のテキスト分析を軸に、目を通しておく［PART Ⅱ を参照］。

# バッハのキリスト論

## 『マグニフィカート』BWV243a再考

1723 年に、バッハの手によってまとめられた "Magnificat" BWV243a は当初 Es Dur で記され、後年に半音低い D Dur（BWV243）に移されたため今日に二つの版で伝えられることになった。しかし二つの版は単に半音の差を示すだけではなく、Es Dur 稿に付されていた降誕祭用の讃歌が取り除かれて D Dur 稿は成立しているため、作品全体の構造・構想も異なるものとなっている。一般に評されて、D Dur 稿が普通に演奏されてはいるが Es Dur 稿も同様に演奏されても良かろうということではなく、二つの作品はむしろ別個の「作品」として捉えられて然るべきである。作曲に用いられたテキストの観点からすれば、ルカ福音書から採られた Magnificat 本文のみの形は D Dur 稿であり、Es Dur 稿はいわゆる「マリアの讃歌」からイエスの誕生を祝賀する教会の讃歌へと響きの意味を変えているからである。

　二つの版のいずれに重きを置くかはこの作品に対する各自の判断に委ねられるが、テキストの問題に限っていえば、基本的には D Dur 稿の場合は Es Dur 稿の中から挿入曲としての四つの讃歌を取り除けば良いことになる。以下になされる検討は従って Es Dur 稿のテキスト全体を対象になされる。

# BWV243aのテキストを読む

Magnificat（マグニフィカートあるいはマニフィカート）、マリアの讃歌はルカ 1,47–55 に記されている。日本語版聖書（新共同訳）では次のようになる。

> [47]「わたしの魂は主をあがめ、
> わたしの霊は救い主である神を喜びたたえます。
> [48]身分の低い、この主のはしためにも
> 目を留めてくださったからです。
> 今から後、いつの世の人も
> わたしを幸いな者と言うでしょう、
> [49]力ある方が、
> わたしに偉大なことをなさいましたから。
> その御名は尊く、
> [50]その憐れみは代々に限りなく、
> 主を畏れる者に及びます。
> [51]主はその腕で力を振るい、
> 思い上がる者を打ち散らし、
> [52]権力ある者をその座から引き降ろし、
> 身分の低い者を高く上げ、
> [53]飢えた人を良い物で満たし、
> 富める者を空腹のまま追い返されます。

<sup>54</sup>その僕イスラエルを受け入れて、
　　憐れみをお忘れになりません。
<sup>55</sup>わたしたちの先祖におっしゃったとおり、
　　アブラハムとその子孫に対してとこしえに。」

　この日本語訳に対するウルガタ版・ラテン語原文の Magnificat 及び
その意味は次頁以下の講解になる。原文と、しかし問題はバッハの音楽
的解釈との間に存するズレが BWV243a の作品把握を困難なものにし
ている点を注意することにある。恐らくそのズレの中に、神学者バッハ
の顔をみることが出来るであろう。

　この Magnificat はルター派教会の典礼で歌われた教会歌の中で、ラ
テン語テキストによる数少ない音楽のひとつである。宗教改革以降の教
会の発展の過程で、ローマ・カトリック教会の言語であるラテン語に対
してルター派教会では母国語のドイツ語が主として用いられたからであ
り、併せてローマ教会等で行われていた聖人崇敬が否定された中で例外
的にマリアへの崇敬が、またその讃歌が継承されてバッハの時代に至っ
たからである。もっともラテン語テキストに付曲されたバッハ作品とし
てはほかにロ短調のそれを初めとするミサ典礼のための音楽が遺されて
いるが、しかしミサのための音楽がローマ・カトリック教会が定めたミ
サ通常文に作曲されているのに対して Magnificat は、ラテン語訳され
た聖書、いわゆるウルガタ版からの詞を用いて付曲された。以下になさ
れる詞の検討に際してルカのテキストは上に引いた新共同訳で概ね対応
され得るが、ルカのテキストからは外れる挿入曲との関連からして改め
ての訳が要求される場合は新共同訳とは異なる訳語が用いられることに
なる。
　以下に Es Dur 稿の各曲の詞及び詞に関する若干の説明を記す。頭の
数字は BWV243a の曲番である。

1. Magnificat anima mea Dominum（1,46）

> anima は魂の他に息、生命を意味する。聖書的文脈の中で息が問題とされる場合、創世記2,7との関連が重要になる。

>> 主なる神は、土（アダマ）の塵で人（アダム）を形づくり、その鼻に命の息を吹き入れられた。人はこうして生きる者となった。

> 天使ガブリエルによって受胎を告知されたマリアのanima＝神から吹き込まれた生命の源泉が、その神の働き、神の存在を「重く受け止める」という。magnificatには「重んずる」の意がある――私の魂／生きて在る私の存在はこれを重く受けて主を讃美します。告知を受けた「そのときに」――

2. et exsultavit spiritus meus in Deo salutari mea（1,47）

> 私のspiritus＝神から与えられた息は、私を救われる神の働きに包まれた「そのときから」in Deo salutari mea 喜び踊ってexsultavit いるのです。

第1挿入曲　Vom Himmel hoch, da komm ich her.（詞はドイツ語）

> 天のいと高きところから私は来たのです（あなた達への善い知らせを携えて）

3. quia respexit humilitatem ancillae suae
　ecce enim ex hoc beatam me dicent（1,48）

> 神が自からのはしため、取るに足りないものを深く顧みられたのですから

> 見て御覧なさい、このことの故に、恵みを受けたものと、この私を呼んでいます――

4. Omnes generations（1,48）
　　すべての世代の人々が。


5. quia fecit mihi magna qui potens est
　　et sanctum nomen eius（1,49）
　　　　何故なら私に大いなることをなされました、その方は力ある方、
　　　　そうして
　　　　その名は聖なるもの。


第２挿入曲（詞はドイツ語）
　　　　Freut euch und jubiliert :
　　　　zu Bethlehem gefunden wird
　　　　das hertzeliebe Jesulein,
　　　　das soll euer Freud und Wonne sein.
　　　　　　喜び歓呼の声をあげるがよい、
　　　　　　ベツレヘムで目にされる
　　　　　　あなた達の愛しいみどり児イエス
　　　　　　この子こそあなた達の喜びであり至福となるに違いないでし
　　　　　　ょうから。


6. et misericordia a progenie in progenies timentibus eum（1,50）
　　　　こうして受苦を共にする歩みがこの若枝によって子孫から子孫
　　　　へと、彼を気遣う人々に（もたらされた◆I）


7. fecit potentiam in brachio suo, dispersit superbos mente cordis
　　sui（1,51）
　　　　力あることをなされました fecit potentiam. potentiam には支

配の意もあり、fecit が facio という動詞の完了形であること
を考量してこれを支配を完了されたと受け取ることも出来る。
superbos 傲り高ぶるもの達を、あるいは勝ち誇ったもの達に
対して——その腕で力あることをなされた／その腕で支配を完
了された、心の思いによって高ぶるもの達を潰滅させた。

第3挿入曲

　Gloria in excelsis Deo
　et in terra pax hominibus
　bona voluntas
　　栄光、いと高き所に、神に
　　そうして地上に平安／加護が　人々に　即ち
　　良い思い／恵みが。

8. Deposuit potentes de sede et exaltavit humiles（1,52）
　deposuit 追放された／落とされた、支配するもの達を de
　sede その座から、あるいは神殿から。文意は恐らく政治・社
　会的力あるもの達をその権力の座から落とされ、卑しいもの達
　を高くされた／讃美された、ということである。しかし de
　sede 神殿から deposuit 追放された、と読むならばこの一行が
　伝えるものはルカからマタイに飛んでその 21,12-16 とりわけ
　て 12-14 を deposuit potentes de sede の背後に読み得るこ
　とになる。マタイ 21,12-14——
　　　それから、イエスは神殿の境内に入り、そこで売り買いを
　　　していた人々を皆追い出し、両替人の台や鳩を売る者の腰
　　　掛けを倒された。[13] そして言われた。「こう書いてある。
　　　『わたしの家は、祈りの家と呼ばれるべきである。』
　　　ところが、あなたたちはそれを強盗の巣にしている。」

<sup>14</sup> 境内では目の見えない人や足の不自由な人たちがそばに
寄って来たので、イエスはこれらの人々をいやされた。
マタイに掛かるこの行為は次のルカ 1,53 にも繋がる。

## 9. Esurientes implevit bonis et divites dimisit inanes（1,53）

渇望しているもの達を良いもので満たした、そして富めるもの
達を貧しいまま去らせた。富めるものという表現は単に金銭的
物質的なことを指しているわけではなく、むしろ重視しなけれ
ばならないのは心・意識の状態である。これに対照的な心の貧
しいもの、即ち心が清らかで他者の言、とりわけて神の言に心
が開かれているものを対置させることによって富めるものの意
味は理解される。聖書におけるアンチテトン、対照的強調法で
ある。無論マリアの言うはしため、卑しいものの言表もここに
直接して Magnificat の意味に光を当てている。──またさら
に、ここから受難のそのときの、主の僕としてのイエスの様相
も浮かび上る。『ヨハネによる受難の音楽』第 1 曲に言う──
栄光を示したまえ、卑しめられているそのときにも。

第 4 挿入曲

Virga Jesse floruit,
Emanuel noster apparuit;
Induit carnem hominis,
Fit puer delectabilis;
Alleruja.

　エッサイの若枝が花咲いた
　われらのインマヌエルが現れた。
　身にまとわれたのだ、人の身体（人としての本性）を
　生まれたのだ、男の子が喜びの中で。

アレルヤ

Virga Jesse エッサイの若枝はダビデ王の父親エッサイの系譜に立ってイエスは誕生したことを言う（イザヤ 11,1）。Emanuel エマヌエル＝インマヌエルはこれもイエスのことを指すが、その典拠はイザヤ 7,14「見よ、おとめが身ごもって、男の子を産み／その名をインマヌエルと呼ぶ」。ヘブライ語で「神はわれわれと共におられる」というのが Emanuel の意味である（マタイ 1,23）。carnem は基本的には「肉を」であるが、中世・教会ラテンでは「身体」という語によって「人としての本性」を指す。中世・教会の考えに従いこれを読むことによって caro（carnem）は即ち、ヨハネ 1,1「神のロゴスが受肉された」に、かつクレド文書における et incarnatus est（そうして受肉された）につながることになる。[2]

10. Suscepit Israel puerum suum recordatus misericordiae suae (1,54)

思いを致してイスラエルは神の御子を、その憐れみを神の慈しみによる、待ち望まれたその方を喜んでいるのです。

suscepit は思いを致す／保護する、の他に新生児をわが子と認めるの意があり、詩篇 2,7「お前はわたしの子／今日わたしはお前を生んだ」及び、ヨルダン河でのイエスの洗礼に際してのその引用ないし関連箇所であるルカ 3,22「あなたはわたしの愛する子、わたしの心に適う者」（並行マタイ 3,17）という天上からの声を思わせる。但し「イスラエル」はオレアリウスの註によれば詩篇 73,1「イスラエルはなお神を慰めとする、心をただ清くするものである」における「イスラエル」を指す。この「イスラエル」が Magnificat の中で言われていることを考量すれば、第一にこれは心の清いマリア及び先の貧しいもの

を表すことになるが、しかし「心の清いもの」を神のことばに忠実なもの、神の僕と判断すればキリスト・イエスの姿がそこに浮かぶことになる。puer は「子」であり、かつ「僕」を意味する。その「僕」こそ、待望された方である十字架の救い主である。

加えて recordatus を回想の意と判断した場合、主の憐れみに関してオレアリウスが挙げている関連箇所の中で、いまはエレミア 31,3 が参考になるであろう。特に 31,3 に 31,2 を加えた場合に何が回想されているかは明白である◆3。

　　²主はこう言われる。／民の中で、剣を免れた者は／荒れ野で恵みを受ける／イスラエルが安住の地に向かうときに。
　　³遠くから、主はわたしに現れた。わたしは、とこしえの愛をもってあなたを愛し／変わることなく慈しみを注ぐ。

この中で問題となるのは「荒れ野で恵みを受ける」条であって、これは出エジプト記に記されている主の恵みの行動、即ちエジプトからの脱出を助けて民の望みを叶えた主の働きであり、それへの回想である。「荒れ野」はオレアリウスの言によれば「この人間の世に存在する荒野」であり（出エジプト記 16 を参照）、そこから出て「安住の地」＝神の国へと向う人の歩みに手を差し伸べる神の救いの計画が、出エジプトの歴史的事象と一体をなしていま、御子の誕生という出来事の中に示された、というのである。

ルカ福音書のテキストそれ自体としてはマリアに、しかし第 10 曲の前に置かれた、エッサイの若枝の花の言を採れば、詩篇 2,7＝ルカ 3,22 が強調されることになるであろう。いずれにしても挿入曲の詞によってルカ・テキストの意味が変わりつつあることは充分に注意される必要がある。

11. Sicut locutus est ad Patres nostros, Abraham et semini eius in
   saecula（1,55）

   私達の父祖達に、アブラハムとその子孫に向って言われました
   通りに世々に亘って。

   重ねての指摘にはなるが、アブラハムとその子孫に、と言うマ
   リアの言の中にマタイ福音書に述べられたアブラハム→ダビデ
   →バビロン捕囚→キリストの、14×3＝42 の歴史の構造が隠さ
   れている。

12. Gloria Patri, gloria Filio, gloria et Spiritus Sancto
   sicut erat in principio et nunc et semper et in saecula
   saeculorum
   Amen

   栄光は父に、栄光は子に、栄光はまた聖霊に。
   「はじめ」に在りましたように、しかしていまも、かついつい
   つまでも、即ち幾代にも亘る世代から世代へと、
   アーメン。

# バッハのマグニフィカート

　以上のテキスト（訳）を踏まえて Magnificat を「バッハの Magnificat」としてその全体を俯瞰し、どのような景観が浮かび上がることになるのか。ルカに含まれるマリアの詞のみならず、バッハの作品に挿入された四つの小品を含めて検討してはじめて、この「作品」の全体はその姿を明らかにするであろう。

　1）BWV243a はバッハがライプツィヒのトーマス教会カントルとしての職務に就いた 1723 年に降誕祭の晩課のためにまとめられた。但し、その創作の動機が独りバッハの発案によるものか、それとも教会の要請によるものなのかは判然としない。とはいえ、バッハの生涯において、1723 年に到るまでの間に遺された Magnificat は今日に存在しないという事実は考量に値する。もしもそのことが作曲の機会が与えられる可能性が無かったことを告げるのであれば、BWV1 あるいは BWV147 というマリアをめぐる名作をものしているバッハであれば、とりわけて降誕祭に際してのキリスト論を踏まえての "Magnificat" 創作への意欲の高揚は強かったであろうことがそこから推察される。またこれに、トーマス教会における magnificat の特別の位置づけも与って力あったであろうことは想像に難くない。

　　……ライプツィヒでは、土曜日と日曜日の晩課のときに、第 9 詩篇旋法に従って、マニフィカトがドイツ語で歌われていた……これ

にたいして三つの大祝日には、マニフィカトはラテン語で、装飾的な様式で歌われた……[4]

　さらに、この典礼に際しての用例に加えて、当時のトーマス教会の執事役に在ったというのが正しいか、ロストの記録が裏づけとなる。

　　……アドヴェント第一日曜に先立つ日曜の午後礼拝では、教会暦年が閉じられるに当って、いつのときにも説教の後に一片の言葉、わが魂は主をあがめますが……次いで三位一体の祝日用コレクトが朗読される……アドヴェントの午後礼拝では、わが魂は主をあがめますが聖体拝領後に歌われる……

　バッハが活動したライプツィヒの教会では上のロスト等の記録から明らかなように Magnificat マリアの讃歌に特別の役割が与えられていた。ライプツィヒ・トーマス教会のいわば執事役をしていたロストが残した記録によれば教会暦の最後から降誕祭に先立つ四週間のアドヴェントの間、晩課 Vesper と呼ばれる午後礼拝で「マリアの讃歌」が歌われていた。加えてこの間の「日曜日も週日も（礼拝では）主の道を備えよの一節が朗誦される」という[5]。
　ロストが記録した、礼拝における「主の道を備えよ」はイザヤ 40,3 以下を指す。イザヤのこの部分は福音書にも引かれてヨルダン川でのイエスの洗礼の直前に、洗礼のヨハネによって宣べ伝えられる。イザヤと引用の一例、ルカでは次のようである。

　　[3]呼びかける声がある。／主のために、荒れ野に道を備え／わたしたちの神のために、荒れ地に広い道を通せ。
　　[4]谷はすべて身を起こし、山と丘は身を低くせよ。／険しい道は平らに、／狭い道は広い谷となれ。

<sup>5</sup>主の栄光がこうして現れるのを／肉なる者は共に見る。／主の口がこう宣言される（イザヤ 40,3-5）。

<sup>4</sup>これは、預言者イザヤの書に書いてあるとおりである。
　「荒れ野で叫ぶ者の声がする。／『主の道を整え、／その道筋をまっすぐにせよ。
<sup>5</sup>谷はすべて埋められ、／山と丘はみな低くされる。／曲がった道はまっすぐに、／でこぼこの道は平らになり、
<sup>6</sup>人は皆、神の救いを仰ぎ見る。』」（ルカ 3,4-6）。


　既に PART I の中で繰り返して指摘された「来るべきものの到来」と重ねられて Magnificat のテキストが告知するところのものをめぐってその内容を深くする理由のひとつがバッハの発想になるものであるばかりでなく、教会の神学からなされる要請に基づくものでもあったに違いないことがここに読み取れる。

　BWV243a という作品は、まずライプツィヒの教会において執り行われていたアドヴェントの典礼・晩課に密接して成立したものであると言い得るであろう。しかし、異なる角度からこれを眺めてみれば、この作品がライプツィヒでの典礼・晩課から離れるとき、作品の形態が変化を受ける可能性を含むことになるであろうことが、そこから看取されることになる。作品の成立後に、10年程して改作されて BWV243 の D Dur の "Magnificat" がまとめられた理由の、少なくともその一端はここに存すると言えるであろう。

　改作は、調の変更にもまして四つの挿入曲が削除される形でなされている。削除の詳しい経緯は詳らかにされてはいない。だが削除によって本質的な事柄の側面からして何が変わったのか。BWV243a という「作品」となって結実したバッハの構想を検討することによって、変わったものの実体を浮き彫りにする程度のことは可能であろう。その際に鍵を

なすであろうことはルカ・テキストと四つの挿入曲の詞の共鳴に存すると考えられる。

2）ルカのテキストとの対応の中で挿入曲の詞の解釈を試みてどのような結論を導き出し得るか。可能な限り、何故挿入曲が挿入された場所に配されたのかの理由について検討することによって、いまのわれわれと同様の視点に立ってテキストの流れを読んだであろうバッハの視線の流れを追求することは可能であると判断される。しかも視線の流れは当然に、思考の流れに重なる。

バッハの「作品」という一個の有機体を形成して在るこの「作品」の、それでは思考は何をめぐってなされたのか。改めるまでもなく、それはテキストのことばが告げるところのものである、と言い得る。

だが、それにはこの場合ひとつの前提を付さねばならない——テキストは、4曲に各々固有である、と同時に四つのテキストは作曲に際して選択される過程でひとつの思考の流れの中に置かれ、四つのテキストが相互的に関わりあってひとつの事柄、ひとつの表現を形成したはずである。無論、この流れにはルカ・テキストも参与してこれと四つの挿入曲テキストが合わさってひとつの全体、即ちひとつの、存在を形作って在る。しかもそれによって、以下の可能性が生ずることを併せ考量しなければならない——ひとつのことばには多層的な意味が内在している。ひとつのテキストが他のテキストと結び合されるとき、その多層性のいずれかの意味が表面化され、表現の一翼を担うことになる。そこには、ひとつのテキストが単独に在ったときには容易に想像され得ない事柄が表面化される可能性が存することをわれわれは改めて意識せねばならない。

3）マリアの讃歌が置かれている聖書内の位置はルカの第1章であり、ベツレヘムでの誕生が天使によって羊飼い達に告げられるのは第2章においてである。これは一見何の特別な点もない必然的時間の経過を映

しているにすぎない事柄のように見えるが、しかしこの第1章から第2章への流れが告げているのは、後述される創世記1→2の流れにおける「人間」の誕生に対応して、マリアのことばはイエス以前の、キリスト教の思想・神学の成立する以前の時空に位置しているということである。

　当然のことながら、マリアが口にする「主」はキリストではない。マリアが口にすることば、そのことばの中に働いている記憶と回想の点からしても旧約聖書の、歴史に介入した神である（出エジプト記、なかんずく12章以下を参照）。このことが前提される限りにおいてBWV243aの挿入曲が配された位置とその詞の担う役割とを見透すことが可能になるであろう。


　4）ルカ第1章の文脈の中でマリアの讃歌は今日、マリアがエリザベトを訪ねる場面に配置されている。教会暦のいわゆる「マリアの御訪問の祝日」の詞である。しかし、その位置から移動させてルカ1,37に接続する文章としてこの讃歌を読むことも出来る。その場合、天使ガブリエルがマリアの許を訪れる1,26以下38までの本文に続けて、ということは39から46までを削除して、38に47から始まる讃歌を続けることによってガブリエル→マリアへの告知→讃歌という、論理的展開の上からしても自然な流れが浮かび上がることになる。しかもこの流れを読むことによって、それがルカ第2章の羊飼い達への告知の記事に同一の構造をとるものであることも明らかになるのである。

　BWV243aにおけるバッハの思考の流れにとって少なからぬ意味を持ったと考えられるこの告知の構造を、試みにそのポイントを抜き出して並記してみる。


　　1,26　天使ガブリエルは [27] ダビデ家のヨセフのいいなづけ、おとめマリア [28] のところに来て言った。[29] マリアは戸惑い、考え込んだ。

<sup>30</sup> すると、天使が言った。「マリア、恐れることはない。」

2,8　羊飼いたちが野宿をしていた。<sup>9</sup> すると天使が近づき、主の栄光が周りを照らしたので、彼らは非常に恐れた。<sup>10</sup> 天使は言った。「恐れるな」……

1,38　マリアは言った。「わたしは主のはしためです。お言葉どおり、この身に成りますように。」そこで天使は去って行った。<sup>47</sup>「わたしの魂は主をあがめ……」

2,15　天使たちが天に去ったとき、羊飼いたちは、「さあ、ベツレヘムへ行こう。主が知らせてくださったその出来事を見ようではないか」<sup>20</sup> 羊飼いたちは、見聞きしたことがすべて天使の話したとおりだったので、神をあがめ、賛美しながら帰って行った。

　この対照から導き出されるのは BWV243a の挿入曲の詞は、ルカ1のマリアの讃歌に並行するルカ2の羊飼い達への告知に由来するものであって、BWV243a はルカの第1章と第2章の天使による二つの告知の記事をひとつの流れとしてまとめたものだということである。

　5）これを確認するために四つの挿入曲をルカ2に当てはめてみる。

| ルカ | | 挿入曲 |
|---|---|---|
| 2,9 | 天使の到来、接近 | 1　いと高き天から私はいま来た vom Himmel hoch da komm ich her |
| 10 | 恐るな、わたしは、民全体に与えられる大きな喜びを告げる | 私はあなた達に良い知らせを運んで来た Ich bringe euch gute neue Mär |

| | |
|---|---|
| 11　今日ダビデの町<br>　　（ベツレヘム）で<br>　　あなたがたのために<br>　　救い主がお生まれに<br>　　なった | 2　あなた達は<br>　　ベツレヘムで愛らしい<br>　　小さなイエス<br>　　を見つける<br>　　であろう<br>　　zu Bethlehem gefunden wird<br>　　das herzliebe Jesulein |
| 12　あなたがたは<br>　　飼い葉桶の中に<br>　　寝ている乳飲み子を<br>　　見つけるであろう | |
| 13　天使に天の大群が<br>　　加わり、神を<br>　　賛美して言った<br>　　いと高きところには<br>　　栄光、神に | 3　Gloria in excelsis Deo |
| 11　あなたがたのために<br>　　救い主がお生まれに<br>　　なった。この方こそ<br>　　主メシアである | 4　エッサイの若枝が花咲いた<br>　　われらのインマヌエルが<br>　　現われた<br>　　男の子が喜びの中で生まれた<br>　　Virga Jesse floruit<br>　　Emmanuel noster apparuit<br>　　Fit puer delectabilis |

　6）BWV243a の第1・第2曲はマリアの讃歌とも羊飼い達の喜びとも判断され得る。上に検討したルカ2の並行という点からして、続く挿入曲は天使ガブリエルの声とも、羊飼い達への天使の声とも言い得る。

第 3 曲から第 5 曲まではそれまでの経過、特に第 1 挿入曲への応答を
なしていると言えるであろう。聖書の記事に、第 5 曲までは対応して
いる。

　7）第 2 挿入曲はベツレヘムの記事の描く情景である。喜ばしい光輝
く場面に続く第 6 曲は、しかし既に触れられて註 1 にも記されている
事柄から判断して、流れの方向が変わる分岐点であると考えることが出
来る。だがそのことをより明確に捉えるために、改めて聖書の日本語訳
に立ち返って検討してみるのがよいであろう。第 6 曲のテキストは即
ち「憐れみが彼を畏れるもの達にもたらされる」ことを歌って、なお主
への讃美の、喜ばしい情調の中に在って歌われる詞である。テキストは
詩篇 103,17 に由来する。

　　　主の慈しみは世々にとこしえに／主を畏れる人の上にあり／恵みの
　　　　御業は子らの子らに

　一方、ルカ 1,50 に対するオレアリウスの註の中で、世々に亘る憐れ
みに関して参考箇所に挙げられたのは詩篇 136 である。参考としては、◆6
この詩篇の全体に亘って創造・救い等の力ある業を示した神への感謝・
讃美が目にとめられるべきであるが、いまは冒頭 1-3 を引いておけば
足りるであろう。A・B の対誦の形をとる B の応唱にとこしえの慈しみ
はこの詩篇の全詞行 26 節に亘って表されている。

　　　¹恵み深い主に感謝せよ　　　　慈しみはとこしえに
　　　²神の中の神に感謝せよ　　　　慈しみはとこしえに
　　　³主の中の主に感謝せよ　　　　慈しみはとこしえに

　この詩篇 136 の主たる目的のひとつは「神の慈しみはとこしえに続

くものであれば、讃美も永遠に」（オレアリウス）なされるということを説く点にある。当然と言えば当然である「慈しみへの感謝・讃美」はマリアの讃歌にも直接的に表されている、が、バッハは、既述されたようにこのテキストを必ずしもそのようには読んでいないと判断される（註1を参照）。

第6曲のために選ばれた調性は f Moll、8分の12拍子——通奏低音には、ラメント・バス[7]と呼ばれる音型が反復される［譜例20b］。どのように判読してもこの曲の響きに慈しみへの感謝・讃美を聴くのは困難である。声部の動きにも不協和な響き・音程が散りばめられ、主の大いなる業の意味が明らかに十字架、受苦による人の罪の救いの側面から捉えられていると考えられるのである。8分の12拍子はこれも明らかに牧歌、羊飼いの、いうなれば十字架の羊飼いキリストを現在させるパストラーレであって、曲のアフェクト、調性から察するにバッハはmisericordia 慈しみがもたらされるための必然的前提としての十字架による miserere の憐れみを読んでいたのかと思われる。従ってBWV243a においては、註1に記された通りに通常の Magnificat の訳文と異なる訳が用いられるのが正鵠を射ていることになる。

このバッハ的解釈による Magnificat →キリスト論へのテキストの意味の転換をめぐる問題について考える際の、更なる判断材料を第8曲にみることが出来る。第8曲の詞は「力あるもの達をその座から落とされ、卑しいもの達を高くされる」である。ここで言われている高ぶるものを落とす行為の主は、ルカのテキストを読めば旧約の主・神であることは言を俟たない。だがそれに対して、ここでもバッハは先に訳の解析に記されたように、キリストの働きを想定したと考えられる。第8曲の構造が、イスラエルの歴史における神の介入を基としたキリスト論を提示しているからである。

第8曲は67小節、全体は14+14+27+14に区分される。始めと最後

の 14 は前奏と後奏。二番目の 14 はテキストを歌い、次の 27 はテキストの展開、その意味するところの敷衍である。また、以上の区分の総計は 69 になるが、それは二番目の 14 と次の 27、歌の終りと中間部の入り（28 小節目）が、さらに 27 と最後の 14、つまりはテキスト内容の敷衍がなされる中間部の終末と最後の、後奏の入り（54 小節目）が各々に重なっているからである。

　この区分・構造から読めるのは 14 への集中であり、14×3＝42 はマタイ福音書の記述からするアブラハム　→　ダビデ　→　バビロンの捕囚　→　キリストへと至るイスラエルの歴史並びにキリストへの待望である。しかもこの歴史がマタイ福音書の冒頭を飾っているということは、とりもなおさず新約聖書という、キリストの言行についての記録とその神学的意味についてまとめられた「27」書巻の冒頭にこれが置かれて、地上での然々の働きをされて十字架につけられ復活・昇天したものこそが歴史の中で待望された「来るべき主・キリスト」なのだということを告げていることになるのである。

　第 8 曲の始めの 14 はアブラハム　→　ダビデに至る歴史をなす 14 代。次の 14 は、ダビデからバビロンへ。敷衍部分の 27 はこうした歴史の意味について、あるいはその歴史を衝き動かして働く神の業についてまとめられた 27 の書巻を収めた旧約聖書と解することが出来るが、それに優ってマタイに記されたダビデからキリストに至る代々の、イスラエルを治めて歴史に名を成した歴代諸王の系譜を成す 27 の王の時代と解することが出来る。そうして最後の 14 はバビロンからキリストへの歩み、新約の新たな歴史への歩みである。

　この曲も調性的には g Moll＝『ヨハネによる受難の音楽』の冒頭を飾って、キリスト論を述べる際に用いられた調性であり、曲最後の 14 の部分でキリストへの歴史を語った後に第 9 曲のマタイ福音書 21,12–16 に由来する、貧しいもの達を満たす前記の記事に移り、そうしてそのような憐れみを働く主の誕生が「エッサイの若枝の花」として第 4

挿入曲で歌われることになるのである。◆8

　目下の考察は楽曲の音楽構造の立ち入った分析を旨とするものではないが、しかし作品のポイントとして、この「エッサイ」が8分の12拍子のパストラーレであり、先の第6曲と正確に対応するべく構想されていることは指摘されて然るべきであろう。調性も一対、楯の両面を成して第6曲のf Mollは「エッサイ」に映されてF Durとされている。加えて「エッサイの若枝」の前奏は宇宙・十字架・四元素を表わす「4」小節であり、続いて歌われるデュエット、即ちキリストの神の子＝人の子という二つの本性を象徴する2声による歌の第一部分は「14」小節で纏められている。◆9 「14」というキリスト＝神の国の観点からすれば、この「作品」BWV243aの末尾を飾る第12曲もまた42小節、14×3である。

　以上の素描から導き出されるのは、本来「マリア」の讃歌として、主なる神の働きに属する事柄が取り上げられたルカ・テキストの解釈並びに挿入された「4」曲の詞の響きによって、Magnificatが「キリスト論」へと、キリスト・イエスへの讃歌とその働き・業をめぐる叙述へと変化を遂げたことである。従って、少なくともBWV243aに関して、これを単純に「マリアの讃歌」として受容することは困難であると言わねばならないであろう。

　この変更ないし転換に関して、いささか細密画的な事柄ではあれ、しばしば一音の位置の移動が作品全体の形姿を変化させることがあるのと同様に、以下はこれまでに追求された転換を決定づけるであろう画龍の点である。

　第7曲の、心の中で思い高ぶるものを追い落としたという働きに続いて、その働きに対する讃美を歌う第3挿入曲のテキストの一部をなす名詞の語尾が変更された理由は何なのか。テキストはGloriaである。

その何処がどのように変更されているのかについて記す。

　Gloria はミサ典礼文・通常文の一部であり、そのテキストはルカから採られて教会によって用いられて来た。現在、バッハがこのテキストに付曲した例は6点遺されている。『ロ短調ミサ』と4曲の「ミサ・ブレヴィス」及び BWV191 とされている教会歌＝『ロ短調ミサ』の第4曲と BWV243a である。テキストの語尾の一部が変更されているのは Gloria テキストの最後の詞である。まずは通常の詞文。

　　　　Gloria in excelsis Deo　　　　栄光　いと高きところの神に
　　　　et in terra pax hominibus　　　そうして地には平安が
　　　　bonae voluntatis　　　　　　　善意の人々に

　変更されたのはこの詞の3行目の末尾 bonae voluntatis → bona voluntas である。語尾の変更によって当然のことながら伝えられる意味も変わって、人々を形容する「善意の」bonae voluntatis が「善意」bona voluntas となる。善意の人々、良い思いの人々というのは Magnificat テキストに照らして考えれば貧しくも心の清い人々ということであろう。その人々に与えられる平安・平和の祈念が異なる事柄を表して「地には平安が、人々に良い思い＝恵みが」とされたのである。先に挙げた Gloria テキストを使用したバッハの作品の中で、この変更が行われたのは当該の BWV243a においてのみである。当然に、何かバッハの思うところがあっての変更であるに違いないであろう。

　元来、ミサ通常文の中でもこの部分、ルカ・テキストの原文であるギリシア語聖書詞句からの他言語への訳には問題が介在していることが指摘されてはいるが◆10、バッハの手になる変更はローマ・カトリック教会のラテン語典礼文から離れてルター訳ドイツ語聖書並びにオレアリウスの註解に基づいてなされたのかと考えられる。まずルター訳のルカ 2,14 とこれに対置して新共同訳の同一箇所——

EHRE SEY GOTT IN DER HÖHE／VND FRIEDE AUFF ERDEN／VND DEN
MENSCHEN EIN WOLGEFALLEN
栄光はいと高きところ　神にあれば／平安も地上にありますでしょ
う／即ち人々には心に適うもの（望まれたもの）が

いと高きところに栄光、神にあれ、
地には平和、御心に適う人にあれ（新共同訳）


　後者の新共同訳聖書の記述に照らしてもルター訳の「気に入りのもの
が」という言表が何を伝えるのか、このままでは判然としない。そのた
めであろうし、さらには自らの訳文の神学的意味の正当性の立証のため
でもあろう、ルター自身がルカ本文の聖書欄外註で説明を加えている。

（Wolgefallen）　　　Das die menschen dauon lust vnd liebe haben
　　　　　　　　　　werden / gegen Gott vnd vnternander. Vnd
　　　　　　　　　　dasselb mit danck annemen / vnd darueber
　　　　　　　　　　alles mit freuden lassen vnd leiden.
（気に入りのもの）　そのゆえに人々が喜びと愛を神に対してまた各自
　　　　　　　　　　の間で持てるようになるもの。かつそのもの自身
　　　　　　　　　　を感謝をもって受け入れ、かつそのものに関わっ
　　　　　　　　　　て喜びそして苦しむもの。


　ルターはこのように説明をしてはいるが、それでも気に入りのものが
何であるかを具体的に特定してはいない。それに対してオレアリウスは
ルターの言うところの意味、ルターの言が指し示しているところのもの
を特定すべく、聖書の中の幾つかの参考箇所を挙げている。[11] 中でいま問

題にすべきはマタイ福音書の3,17及び17,5である。

　3,17イエスの洗礼に際して、イエスがヨルダン河の水から上がられると――

> Vnd sihe／eine stimme vom Himel her ab sprach／DIS IST MEIN LIEBEN SON／AN WELCHEM ICH WOLGEFALLEN HABE.
> 見よ／天からひとつの声が響き下って語った／これは私の愛する子／私の心に適うもの

　17,5は声のする状況は異なるが、声の語ることばは3,17と同一である。旧約の詩篇2に遡るしかしこの告知によって、誰にとってのものでもない、「私の愛する心に適うもの」がまさしく神にとっての気に入りのもの、心に適うものがイエスであることがここに表明されることになったのは言うまでもないであろう。ラテン語詞の語尾を変更した最初の人間がバッハであるか否かは特定し得ない。ルター訳、ルカ2,14末尾のドイツ語表記がこの変更された語尾でのバッハ＝ラテン詞に一致するからである。

　とはいえオレアリウスの註記を介して明確なように、ミサの作曲に際しては通常文をそのままに用いていたバッハが、BWV243aの場合に限って変更された語尾形を採ったのは、それによって地上での、人々への、与えられる平安がキリスト・イエス自身であることがそれによって明証され得たからであるに相違はないであろう。別言すれば愛を得て「神の、また人々の祝福を受け歓迎されるもの、即ち心に適うもの」＝ミサ・テキストに歌う"Benedictus"の到来こそが、いま降誕の祝日として祝せられる、とバッハの筆は語るのである。

　BWV243aはマリアの讃歌に始まり、やがて第2挿入曲によってイエスの誕生が告げられて以降は細やかな、しかし周到なテキスト変更が

なされてキリスト論を歌うことになったと言い得るのである。神の心に適うもの以外に、バッハにとって、またキリスト・イエスへの信仰を深めたものにとって、ことばの正しい意味で、「自らの気に入るもの」は存在し得なかったに違いあるまい。BWV243a は即ちルカ・テキストに立って歌われた「バッハの Magnificat」であった。

通読して改めての確認のために、BWV243a のテキストの全文並びにルター訳のルカ・テキストを以下に記してみる。

1. Magnificat anima mea Dominum（1,46）
   私の魂／生きて在る私の存在はこれを重く受けて主を讃美します。

   MEINE SEELE ERHEBT DEN HERRN（ルター 1,46）
   私の魂は崇敬します「主」を。

2. et exsultavit spiritus meus in Deo salutari mea（1,47）
   私の霊なる息はそのとき、私を救われる神の働きに包まれて喜び
   　踊ったのです。

   VND MEIN GEIST FREWET SICH GOTTES MEINES HEILANDES.（ルター 1,47）
   私の霊なる生命は、私の救い主なる神を戴いているのです。

A. 第1挿入曲
   Vom Himmel hoch da komm ich her, ich bring euch gute neue
   　Mähr
   高みなす天から私は来て、あなた達に良い新しい報せを届けます
   der guten Mähr bring ich so viel, davon ich singen und sagen
   　will.

その良い報せの、これほど豊かなものを携えて来たのです、なればこそ、いまそれについて私は歌い語り告げるのです。

3. quia respexit humilitatem ancillae suae
　　ecce enim ex hoc beatam me dicent（1,48）
　　それというのも、神が自らのはしための取るに足りないものを深く顧みられたのですから
　　見ていて御覧なさい、いまから後この恵まれた私のことを証しするでしょう

　　Denn er hat seine elende Magt angesehen／Sihe／von nun an werden mich selig preisen
　　それというのも、神がその貧しいはしためを顧みられたのですから／見ていて御覧なさい／いまから後至福に溢れてわたしのことを称えるでしょう

4. Omnes generations（1,48）
　　すべての世代の人々が。

　　alle Kinds kind（ルター 1,48）
　　すべての子等の子が。

5. quia fecit mihi magna qui potens est
　　et sanctum nomen eius（1,49）
　　私に大いなることをなされました、力ある方
　　その力の故にその名は聖なるものという。

　　Den er hat grosse Ding an mir gethan／der da Mechtig ist／Vnd

DES NAMEN HEILIG IST（ルター 1,49）
それというのも彼は私に大いなる業をなされました／力ある方と
して居られる／御名を聖なるものという　その方が。

B. 第2挿入曲
Freut euch und jubiliert:
zu Bethlehem gefunden wird
das hertzeliebe Jesulein,
das soll euer Freud und Wonne sein.
喜び歓呼の声をあげるがよい、
ベツレヘムで目にされる
あなた達の愛しいみどり児イエス
この子こそあなた達の喜びであり至福となるに違いないでしょう
から。

6. et misericordia a progenie in progenies timentibus eum（1,50）
こうしてその憐れみは子孫によって子孫から子孫へと、彼を畏れ
る人々に（もたらされます）

VND SEINE BARMHERTZIGKEIT WERET JMER FUER VND FUER
BEY DENEN DIE JN FUERCHTEN（ルター 1,50）
こうして彼の憐れみはいついつまでも続くのです
彼を畏れる人達にとって。

7. fecit potentiam in brachio suo, dispersit superbos mente cordis
sui（1,51）
力あることをその御腕でなされて／心の思いの高ぶる者達を、壊
滅させたのです。

ER VBET GEWALT MIT SEINEN ARM／VND ZURSTREWET
DIE HOFFERTIG SIND IN JRES HERTZEN SINN（ルター 1,51）

彼は力あることをその御腕でなされて／心の思いにあって「驕慢に耽るもの達」を散らされました。

C. 第3挿入曲

Gloria in excelsis Deo
et in terra pax hominibus
bona voluntas

栄光、いと高き所に、神に
そうして地上に平安　人々に
良い思いが。

8. Deposuit potentes de sede et exaltavit humiles（1,52）

追放されました、支配するもの達をその座から、しかし低くへりくだったもの達は高められました。

ER STOESSET DIE GEWALTIGEN VOM STUEL／VND ERHEBT DIE ELENDEN（ルター 1,52）

彼は権勢あるもの達をその座から突き落とされ、代って卑しいもの達を高められました。

9. Esurientes implevit bonis et divites dimisit inanes（1,53）

渇望しているもの達を良いもので満たされましたが、高めるもの達は空しく去らせました。

DIE HUNGERIGEN FUELLET ER MIT GUETTERN／VND LESST DIE REICHEN

LEER（ルター 1,53）

ひもじいもの達を彼は良いもので満たされ、富めるもの達は空し
いままにされました。

D. 第4挿入曲

Virga Jesse floruit,

Emanuel noster apparuit;

Induit carnem hominis,

Fit puer delectabilis;

Alleruja.

エッサイから花咲いて王笏は立てられた[12]

われらのエンマヌエルが現れた。

身にまとわれたのだ、人の肉を

生まれたのだ、男の子が喜びの中で。

アレルヤ

10. Suscepit Israel puerum suum recordatus misericordiae suae
(1,54)

歓迎したのです、イスラエルが神の御子を、その方は神の憐れみ
がかつてなされた思いの実[13]

ER DENCKET DER BARMHERTZIGKEIT／VND HILFFT SEINEM DIENER JSRAEL
AUFF（ルター 1,54）

彼は憐れみに思いを至されて、彼の僕イスラエルを助け起こされ
ます。

11. Sicut locutus est ad Patres nostros, Abraham et semini eius in
saecula (1,55)

私達の父祖達に、アブラハムとその子孫に向ってかつて言われました通りに、世々に亙って。

WIE ER GEREDT HAT VNSERN VETERN／ABRAHAM VND SEINEM SAMEN EWIGLICH（ルター 1,55）
私達の父祖達に言われました通りに／アブラハムとその末に、永遠に。

12. Gloria Patri, gloria Filio, gloria et Spiritus Sancto
   sicut erat in principio et nunc et semper et in saecula saeculorum
   Amen
栄光は父に、栄光は子に、栄光はまた聖霊に。
「はじめ」に在りましたように、しかしていまも、かついついつまでも、即ち幾代にも亙る世代から世代へと、
アーメン。

### *3*

# 「エッサイの若枝の花」に関する補註

　旧約イザヤ書11による Magnificat テキストに関しては既に触れられた。とはいえ「エッサイの若枝に咲く花」＝キリスト Agnus Dei の手に委ねられた「王笏」と、バッハ作品の構造を規定して響く宇宙を形成させる「144」として眺められる「神の国」との関わりについて、なお若干の説明は必要かと思われる。その説明のために再びイザヤのテキストを引いて、その1と2に10を重ねてみる。

> ¹エッサイの株からひとつの芽が萌えいで／その根からひとつの若枝が育ち
> ²その上に主の霊がとどまる。／知恵と識別の霊／思慮と勇気の霊／主を知り、畏れ敬う霊。
> ¹⁰その日が来れば／エッサイの根は／すべての民の旗印として立てられ／国々はそれを求めて集う。／そのとどまるところは栄光に輝く。

　ここにいう「旗」は音楽の論攷の枠内でも讃美の印として受け止められて Agnus Dei の「栄光」と結ばれてプレトリウスの『音楽大全』の扉を飾っていた［図版2参照］。一方、これに併せて笏を持つ王の国家がどのようなものであるかについて、オレアリウスは新約エフェソの手紙の2を参照として指示。さらに論を進めて「王笏」によって示されるであろう王の治める国について、それを神的宇宙として捉えてながら果

たしてその宇宙が何を根拠に存在し得るのかを論じるべく宇宙の創造を問うて、エフェソの２に加えて、知恵の書７の参照を説いている。[14]

　ここでもしかしオレアリウスはエフェソ２の節数は指定していない。恐らくそれは言わずもがなの事柄に属するからであろうと思われる。即ち 2,19-22 のパウロの言にみられる宇宙という建築についての記述であるに相違はないであろう。

　　従って、あなたがたはもはや、外国人でも寄留者でもなく、聖なる民に属する者、神の家族であり、[20] 使徒や預言者という土台の上に建てられています。そのかなめ石はキリスト・イエス御自身であり、[21] キリストにおいて、この建物全体は組み合わされて成長し、主における聖なる神殿となります。[22] キリストにおいて、あなたがたも共に建てられ、霊の働きによって神の住まいとなるのです。

　聖書を建築論とする習慣は一般に乏しいと思われるが、しかしパウロはキリストに従う人々の集いを明確にひとつの建物として見ている。ここにギリシア的宇宙観における二つの宇宙、マクロコスモスとミクロコスモスの対概念の反映を読むことは不可能ではない。宇宙空間の中心点に位置づけられるキリスト。そのキリストを要石とする建物＝聖なる神殿はやがて東ローマ帝国の中で造られるギリシア十字型建築の円蓋の中央部、まさしく要石に相当する部分に描かれるキリスト＝全能の主なる神パントクラトールの姿をとって現前することになる。

　この神殿を別称して神の手になる宇宙というコスモスはしかし単なる建築、単なる空間ではない。神殿ということばをパウロが用いるとき、当然のことながらパウロの生き活動したヘレニズムの世界の中で、神殿を建てる際に必然された建築を計る数秩序は前提されていたはずであり、ウィトルウィウスによってまとめられた『建築論』に示された数秩序を媒介とする宇宙＝神殿の関係は明らかであったと判断される。

この前提は時代を超えて生き続け、バッハの時代にも無論、物作りの人間にとっていわば常識に属す事柄であったと言い得る。その数秩序の関係を踏まえてオレアリウスがこれを聖書の記述に即して捉え註記したのである。エフェソ2に直接して、前記のようにオレアリウスは知恵の書の7を指示しているが、知恵に移る前に神聖なる建築を神の砦、神の都として捉えているヨハネの黙示録を眺めておくのが良いであろう。この項の冒頭に置かれた「王笏」による国家の問題にも、また神の都からの知恵に向う線も、それによって併せ捉えられるからである。

　エフェソの2をめぐってさらにオレアリウスが言うのは、かつまたルター版ドイツ語聖書におけることばの用例が浮かび上がらせる一本の線は即ち以下のようである。◆15
　エフェソの2に加えての参照はヨハネ黙示録14及び22,16である。
　ヨハネ黙示録14はそのまま同書4に描かれたSanctusに結びつく。また同書14,1には次の記述がある。

> 見よ、子羊がシオンの山に立っており、子羊と共に十四万四千人の者たちがいて、その額には子羊の名と、子羊の父の名とが記されていた。

　額に子羊とその父の名を印されたもの達は再び黙示録の22,3・4に姿を現す。そこではこう言われている。

> 神と子羊の玉座が都にあって、神の僕たちは神を礼拝し御顔を仰ぎ見る。彼らの額には、神の名が記されている。

　この都は神殿を持たない。何故なら「全能者である神、主と子羊とが都の神殿だからである」(21,22)。神である「主が僕たちを照らし、彼

らは世々限りなく統治する」という（22,5）。

　この都はその姿を次のように表示されている。天使の物差しで測ると都は「長さも幅も高さも同じ一万二千スタディオン」であり、城壁は「百四十四ペキス」であった（21,16・17）。

　神の都は以上を要して 12×12 であり「144」によって形象化され「主と子羊」が時を超えて世々に統治する神の国であった。

　エッサイの枝に咲く花は、オレアリウスの指摘によればヨハネ黙示録22,16 にその系を延ばしているという。<sup>◆16</sup>

　　わたしは、ダビデのひこばえ、その一族、輝く明けの明星である
　　（22,16）

　日本語訳による「エッサイの株」からのひとつの芽、ひとつの若枝（イザヤ 11,1）はルター版ではエッサイの「Wurtzel（株）」であり「私はダビデの系／輝く明けの明星 Ich bin die wurtzel des geschlechts David」と記されていて、エッサイの「株」はダビデ一族の「株」であるという。その根からキリスト・イエスは咲き出ていま到来する。そのことを描いてバッハのカンタータ BWV1 は降誕を讃美する――ひとつの語 Wurtzel が結びつける「あちら」と「こちら」。聖書の中に「目には見えなくても、耳に聞こえなくても」その隅々にまで響いて在るロゴスの軌跡。それこそがまたバッハの諸作品に内在してその表現を織り成す隠されたネットワークの「根」以外の何ものでもありはしないであろう。ここに取り上げていささかの分析を試みた二つの作品 "E Dur Inventio" と "Magnificat" BWV243a もその「根」から咲き出た「花」＝ロゴスの軌跡である。

　エッサイをめぐるいまひとつの言――オレアリウスは知恵の書の 7

を参照という。

　もっともオレアリウスは知恵の7と記してここでも第7章のいずれ
の節数を読めとも指示はしていない。しかし目下の問題点である創造と
秩序の観点からすれば、自ずと読むべき節数は特定される。

> 7,7　わたしは祈った。すると悟りが与えられた、／願うと、知恵
> の霊が訪れた。⁸ わたしは知恵を王笏や王座よりも尊び、／知恵に
> 較べれば、富も無に等しいと思った。…¹⁴ 知恵は人間にとって無尽
> 蔵の宝、／それを手に入れる人は神の友とされ、／知恵のもたらす
> 教訓によって高められる。¹⁵ 知識に基づいて話す力、／恵みにふさ
> わしく考える力を、／神がわたしに授けてくださるように。／神こ
> そ知恵の案内者、／知恵たちの指導者であられるから。¹⁶ すべては
> 神の手の中にある。／わたしたち自身も、わたしたちの言葉も、／
> どんな考えも、仕事の知識も。¹⁷ 存在するものについての正しい知
> 識を、／神はわたしに授けられた。／宇宙の秩序、元素の働きをわ
> たしは知り、¹⁸ 時の始めと終わりと中間と、／天体の動きと季節の
> 移り変わり、¹⁹ 年の周期と星の位置、²⁰ 生き物の本性と野獣の本
> 能、／もろもろの霊の力と人間の思考、／植物の種類と根の効用、
> ²¹ 隠れたことも、あらわなこともわたしは知った。²² 万物の制作者、
> 知恵に教えられたからである（新共同訳）。

　上の記述の7,17と18・19における宇宙の秩序について、知恵11
と第二マカバイ記を基としてキリスト教における創造論は完成されたと
言ってかまわないであろう。◆17 同時に考えておかなければならないのは、
キリスト教における創造論は神の業についての論であると同時に、それ
によって神の絶対性を、ギリシア哲学的創造論に対して論述する役割を
担い、かつその役割を果たすものであったという点である。自らギリシ
ア的創造論に依拠しながらも、なお神の絶対性の証明のために、最終的

にはギリシア哲学において追求されたコスモス＝秩序とは異なる論拠に立つことによってキリスト教的創造論はその完成をみることになったのである。知恵の 11 からその論拠の流れを追ってみる（新共同訳およびルター版）。

> 11,17　形のない素材から宇宙を造られた全能の手
> deiner allmechtigen Hand……welche hat die Welt geschaffen aus vngestaltetem wesen
> [20] あなたは、長さや、数や、重さにおいて／すべてに均衡がとれるよう計らわれた。
> (21)Aber du hast alles geordenet mit mas／zal vnd gewicht.

　この 11,20 (21) はピュタゴラス的数秩序を別の言で表したものであり、ピュタゴラスの数比例と一体化されて西欧の音楽の基をなしたことは改めての指摘を必要としないであろう。ピュタゴラスの数比例は弦長によって具体的に示すことが出来、弦の長さの分割によって音程、ひいては調和の響きである和音を導き出すことが出来る。それを旧約聖書の知恵は長さ＝弦長、数＝比例、重さ＝弦の張力かつ事物の存在の形状と言い表したのである。この時点においてはしかし知恵の創造論の基点はギリシア哲学に並行して異なるものではない。

　重要な、キリスト教独自の創造論を立てることになったのは 11,17 において問われた「素材」の問題である。知恵 11,17 の「形のない素材」と同様の言表を伝えるのが第二マカバイ記 7,28 であるが、第二マカバイ記を取り上げる前に注意しておくべきは聖書の言う創造論とキリスト教の掲げる創造論とは必ずしも同一のものではないという点である。無論、キリスト教の創造論が聖書から離れて樹立されたわけではないにせよ、聖書のことばの解釈と、聖書テキストの翻訳過程でキリスト教と

しての創造論が明確化されたことは充分に考量されて然るべきであろう。

　キリスト教伝搬の流れの中で、多民族・多言語の地中海世界文化圏においてヘブライ語・ギリシア語で記された聖書本文の翻訳は不可避の事柄であった。とはいえ極めて興味深いのは、聖書本文そのものを原語の状態で書き変えることは許されないのに対して、翻訳は、幾らか誇張して言えば、新たな聖書本文を創出し得る可能性を秘めている作業だという点である。この秘められた可能性が無ければキリスト教的創造論の確立は成し得なかったと言っても過言ではない。一方に聖書の創造論が神学的に解釈され得る可能性があり、他方に、聖書の記述においても使用されている‘ことば’それ自体に内在していることばの多義性・多相性があって、この両者が結び合わされてかつ、神学的になされた神の創造に関するキリスト教的創造論を書き表し得ることばを選択することによってなされた翻訳の作業において、キリスト教的創造論を告知する聖書の新たな、翻訳による本文はまとめられることになったのである。その実像は、簡略に記して以下の様相を呈している。

　第二マカバイ記の、目前で殺害されるわが子を前にした母親のことば――

　　7,28　子よ、天と地に目を向け、そこにある万物を見て、神がこれらのものを既に在ったものから造られたのではないこと、そして人間も例外ではないということを知っておくれ（新共同訳）。

　知恵は「形のない素材から宇宙を造られた」と言い、マカバイ記の母親は同様に、神は万有を「既に在ったものから造られたのではない」と述べて共に神の創造を讃美している。確かに「形のない素材」にして「既に在ったものからではない」と言われる神の創造は新たな形象、これまでになかった新たな存在の創造を告げてはいる。既存の事物・存在から物を作るのは真の意味での創造ではない。しかしそれでもなお「素

材」の既在性は知恵において否定すべくもなく、また「既に在ったものからではない」という言表は創造の積極的側面に触れるものではなく、神の創造の絶対性を明言するためには何よりも神による一切の創造、まさしく「はじめ」からの創造が要請されるのは当然である。しかもここに言われている聖書の記述の枠内での創造論に加えて、神の創造の絶対性が求められたのは、キリスト教に対してなされた外部からの、かつキリスト教内部での種々の批判に応える上からも避け得るべくもない事柄であった。キリスト教の神が絶対的、全能者であるならば、その創造は一切の既在性を超えていなければならないはずである。既在性は、神の創造の以前に、神に代わる何か在るものによって既に創造がなされ、少なくとも「素材」は存在していたことを証明するもの以外の何ものでもないからである。

　ならば、何らかの方法でこの既在性、先在性を否定すれば問題は解決されることになるであろう——興味深いことに、宇宙・万有という物質的在るものに関して、この在るものをめぐる思索が、しかもことばを手掛りとした思索がこの問題を解決することになる。それも聖書に即しての問題を言えば、聖書の新たな本文を記すという翻訳の作業においてこれが果たされることになったのである。それを行って聖書の本文として明文化したのがヒエロニュムスであって、上のマカバイ記のラテン語訳によって神の創造の絶対性は、マカバイ記の原典を手に、これを読んで思索を深めたヒエロニュムスの思索に浮かんだことばによって、即ち人間の、創造と神存在を巡る思索の結晶によって確証されることになったと言い得るであろう。

　　……in caelum et terram et ad omnia quae in eis intellegas quae ex nihilo fecit illa Deus et hominum genus
　　天と地に思いを至し、そうしてその中に在るすべてのものについて、それらのものを神は無から創造されたのだということを悟ってほし

い、無論人間の本性もそうなのです

　無からの ex nihilo 創造はまさしく一切の在るものに先立つ始原から
の創造であり、かつ創世記２に基づいて言えば、この創造はまた人間
に、かつ万有に、存在を与えることによって成就した生きて在るものの
創造であると解釈される。存在は生命であり、何か或るものが在ること
の意義を担うべく在ることの根拠を与えられて在ることが創造であると
すれば、神が土からの人に霊＝生命の息を吹き込んで人は生きたものと
なったという記述それ自体が、無からの創造を示していることになるで
あろう。マカバイ記・新共同訳に言う「人間も例外ではない」というこ
とは人も既に在ったものから造られたものではないことを指摘するもの
であるが、この件をヒエロニュムスは et hominum genus と訳してい
る。hominum genus は人間という種族、人間の子孫の意を第一義とす
ることも出来る。しかし genus には本性の意味があることからすれば、
人間という存在、即ち何か或るものが人間と呼称されるべき、その存在
の根拠もしくは本性がここで付与されたと考えるのが創世記以下に展開
される聖書の創造論からして必然の意とされるであろう。しかも、この
ように在ることが神によって根拠づけられ、保証されることになった万
有についてウルガタの知恵は言う——

　　あなたは、長さや、数や、重さにおいて／すべてに均衡がとれるよ
　　う計らわれた（11,20 新共同訳）。
　　omnia mensura et numero et pondere disposuisti（11,21 ウルガ
　　タ）。

　旧約聖書に収められた「知恵の書」の成立過程に関する種々のデータ
に関わりなく、知恵 11,20（21）はギリシア哲学のピュタゴラス的数比
例によって整えられた宇宙秩序に直接されてその意味を把握され得る可

能性を充分に含んでいる。神への讃嘆の詞「あなたはすべてに均衡がとれるよう計らわれた」は言うまでもなく神の業への讃美の言であり、これを口にする人間の深い喜び、即ち自らが「人として」置かれ位置づけられた「良い業」という美しく整えられた宇宙に在ることへの感謝の意をも表明して余りある。良く整えられた disposuisti 宇宙の無からの創造。それはまたキリスト教にとっての、十字架によって整えられたキリストの治める宇宙を基づけるものでもあった。十字架の、縦横に組み合わされた二本の木によって宇宙は四区分されて整えられ、そこに在るすべての存在は数的秩序に即して配置され diposuisti ている。その、配置されて在るすべてのものの基をなすのはギリシア的素材観からする四元素である。

　マカバイ記＝知恵＝十字架へと至る宇宙構造と、その創造をめぐる思索の線はしかし単に聖書の中にのみ存在したわけではない。教会の活動の‘とき’である典礼において、ミサ通常文の文脈の流れる線の中にこの思索は明確に跡づけられて今日においていささかも変わることなく生きている。組み合わされて罪の赦しの嘆願と神・キリストへの讃美を歌う Kyrie と Gloria において早くもこの線は響かせられ、続く Credo における全能者・神への、かつ十字架のキリストへの宇宙創造の讃美の後に、天の上の、いと高きところから宇宙へと到来される天上のキリスト＝Agnus Dei への平安の祈願である Dona nobis pacem、平安を与えたまえのことばの中に神的秩序から外れることへの内省を込めて、神が整えた神聖なるコスモス、即ち「良き業」への回帰が許されるようにという深い祈念は響いて明白だからである。

　BWV 243a が降誕祭において歌われるべく準備され整えられた「作品」としてまとめられたとき、バッハの意識にあって深く衝いたのはおそらく如上の、創造という事柄への讃美であったに違いないであろう。降誕の夜 Weihnachten は宇宙が浄化されて weihen 明澄に輝く‘とき’いいであり、まさしく世界が新たに創造される‘とき’である。その

'とき'にこそキリスト・Agnus Dei＝主は来ます Nun komm der Heyden Heyland とバッハは声を高くする。宇宙への、ミサという典礼への、到来の主を歓呼して迎える『ロ短調ミサ』の Sanctus の晴れやかな歌声の中でこそ E Dur の "Inventio" は喜び踊ってその響きは充全である。

＊

　ここにみるミサと Magnificat との、さらには BWV243a の f Moll に象徴される十字架への到来との間に浮かび上がる、切り離し難く結び合わさっている問題は、マリアの讃歌→キリスト論への展開の中で明確化されたルカ・テキストとミサの Gloria ないし Credo テキストとの対応性によって、さらには同じ Gloria・Credo における受肉と十字架を受難物語として捉えてこれを受難の音楽 Passion としてまとめ上げたバッハの構想によって一体化され作品化されている。併せて "Inventio" と "Sinfonia" における、平安の祈念 Dona nobis pacem の旋律が全30曲の基礎素材として姿を現わす「エレメント」の存在もここに組み込まれることによってその真意を深めると言えるであろう。
　いささか複雑な様相を呈する、ミサを中軸とした諸作品にみられる以上の関係はその概要を以下のように示すことが出来るであろう。

　ミサ・テキストと他ジャンルへの系

　　Kyrie → 到来への呼び掛けと待望される
　　Christe「到来」するもの
　　　　　　　　　ヨハネ黙示録22:「私は来る」

　　Gloria → 到来への讃美
　　in

excelsis → キリスト論的宇宙論

Sanctus との共鳴

バッハ的キリスト論 → Magnificat における讃
美

到来されるものの定位＝Agnus Dei＝Sanctus＝
Benedictus

et in terra

pax → Dona nobis pacem


Credo → 再論される Gloria・キリストの定位

受肉と神の十字架 h Moll →ヨハネへの付曲 第
30 曲

十字架と埋葬 e Moll → マタイへの付曲 第 1 曲


Sanctus → Kyrie に対する神の応答

＝到来 Nun komm der Heyden Heyland とそれ
に対する讃美

Osanna

in

excelsis＝Gloria in excelsis

臨在 → pleni sunt Gloria tua

Benedictus＝Agnus Dei

g Moll → ヨハネへの付曲 第 1 曲

Dona nobis pacem＝Kyrie との深い協和

「エレメント」

*4*

# 待望する魂
### 「聖なるもの」の到来

　エッサイの根から伸びた若枝の花はキリスト教会の歴史の中で長く図像化されて来た。バッハもその教会の伝統に立って音楽によるその形象化に努めたのであった。参考の図版に挙げた図例はフランス、シャルトルの大聖堂を飾るステンドグラスの中の一図像で、眠るエッサイから出た幹の上に座すキリストが描かれている［図版6］。

　一方、聖書の中にはエッサイとキリスト・イエスを結んで並行する考えも述べられていて、例えばパウロのローマ人への手紙15,12にも異邦人の主としてのキリストをイザヤの記述を引いて説く文章がある。

　　また、イザヤはこう言っています。「エッサイの根から芽が現れ、／異邦人を治めるために立ち上がる。／異邦人は彼に望みをかける」

　あるいはまたイザヤの若枝の記事と同じイザヤ53,2の、キリストの受苦・受難を予示したとされる、いわゆるイザヤ53の苦難の僕に関連づけてオレアリウスは論を展開している。◆18

　　乾いた地に埋もれた根から生え出た若枝のように／この人は主の前に育った。／見るべき面影はなく／輝やかしい風格も、好ましい容姿もない。

[図版6] シャルトル、ステンドグラス

併せて、イザヤ＝エッサイ、即ちキリスト・イエスを指して、イザヤ40,3「主のために、荒れ野に道を備え／わたしたちの神のために、荒れ地に広い道を通せ」の詞が教会の典礼の中で、それもアドヴェントから降誕祭の時期にライプツィヒの教会で用いられたという指摘を前にするとき、ここにもバッハと「歴史」を結ぶ深い絆が見い出されることに気づくであろう。まして、パウロのローマ15,12やイザヤ53との関わりにおいて典礼のエッサイを考えるとき、ここに見られる教会の神学が直接的にバッハのアドヴェントのカンタータ BWV 61 等におけるコラール『いままさに異邦人の救い主が来られます』Nun komm der Heyden Heyland がミサの Sanctus や Benedictus／Agnus Dei の変奏として想起されるのみならず、この異邦人の救い主が第一アドヴェントの典礼において、その中心をなして礼拝の全体を支えるマタイ21,1-9を介してバッハの受難の音楽、わけても『マタイによる受難の音楽』に直接することが誰の目にも明らかに

なるに違いあるまい。◆19

　曲集 "Inventionen & Sinfonien" を形成する 30 の小品の中で、二つ
の声部が交差して十字を切りながら上昇と下降の二つの響きの流れを空
間に刻むのは E Dur の "Inventio" のみである。上昇して天上に向って
語りかける線と、天上から下降して地上に至る下降の線とは、恐らくそ
の本質において二つの異なる存在の位相を表すものである。
　上のイザヤ＝エッサイの図像と並行して、この異なる二つの響きの位
相もまた、キリスト教における表現の技のひとつとして、天上的なもの
と地上的なものとを、例えば美術の領域で視覚化して来た。図版 7 は
ヤン・ファン・エイクの二つの「受胎告知」像における magnificat の
詞である。天使ガブリエルとマリアの詞の鏡像によって、天上からの告
知とそれを受ける地上のマリアの、二つの世界の交錯が告げられている。
同様の、異なる時空、異なる存在の位相を表す技 ars はフラ・アンジェ
リコ等の作品にも見られるが、こうした事例に対して無論バッハがヤ

［図版 7］ヤン・ファン・エイクの二つの「受胎告知」像

ン・ファン・エイクやフラ・アンジェリコの作例に親しむ機会は存在し
なかった。同じく、ヤン・ファン・エイクとフラ・アンジェリコも、表
現の技 ars の社会的歴史的伝承に立つ共通の技法は存在し得たにせよ、
二人を結び合わせる直接の軌跡を残してはいなかろう。見知らぬ三人の
匠が、遠くに在ってしかし同一の表現をとって同一の事柄を表したので
ある。思えば奇妙な現象であると言い得なくはない。だが、これを見る
視点を変えるならばダ・ヴィンチ的鏡の文字は古来から追求されて人の
手によって表現された天上の、聖なるものを映し出す一技法として把握
され得るであろう。

　コスモスからミクロコスモスへの、天上的なものの地上への、聖なる
ものの到来の確実かつ揺るぎない事実であることを伝えるべく用いられ
た技。それは技法であると同時に、その技法を用いたバッハをはじめと
する人々の、この、現に生起された「告知」という事柄への深く、まさ
しく揺るぎない信を支えとする技であったと言わなければならないであ
ろう。到来されるべきものは来る、という確信が存在しない限り、技
ars が人の魂の感動に結びつくことは遂に起こり得ないのであって、バ
ッハの E Dur "Inventio" の喜び踊る figura もこの視点から捉えられて
こそ、その意味を十全に発揮するであろう。

　バッハがその生涯にベルギーのヘントを訪れた記録はない。だがそれ
にもかかわらずヤン・ファン・エイクの筆になる「告知」を刻印する鏡
文字と、一対をなして同一の祭壇画の中に描かれた歌を歌いオルガンを
奏する天上の、天使達の作り出す楽の音に協和して響くハルモニアを、
これに等しくゲルマニアの地で耳にして、バッハの手が刻んだ音楽の
inventio こそがいまわれわれが問い捉えている E Dur "Inventio" の在
ることを支える存在根拠であると言って間違いはない。

　思えば、人の世界はしかし何故「聖なるもの」の到来を待望せねばな
らないのか──バッハの生涯はその問いへの応答を模索する歩みであっ
たと定義づけることが出来るであろうか。無論その定義の当否を問うこ

とは容易ではない。だがそれでもなお、その生涯を一貫して現実の世界を見つめ、その意義について問い続けたバッハの懐疑と思索、即ち「来るべきもの」への待望と、それが訪れ来ることへの待望の念、即ち未だ来たらざること、未－来に置かれた存在状況への言い知れぬ不確定性がもたらす不安とそれに対する否定の念の交錯が結果させる強い待望の念が魂を衝き動かして奏でる、自らの信の中で「来るもの」に触れて喜び踊る魂の声をバッハが響かせ続けたことに疑いを差し挟む余地はなかろう。が、それこそが存在の不条理のゆえなのかと思われるのは、しかしそれだけに、「来るべきもの」への待望に在ったバッハの生は孤独であったと言わざるを得ないであろう点である。世界への鋭い懐疑は自らがいま在る世界との距離、自己と他の、二つの異なる世界の間に横たわる距離を増幅させてその孤影を深めるからである。

　孤影はしかしそれが深まり行くにつれて、他方で心安らげる平安の美しさを熟知することになる。その、在ることの只中に射し来る孤の影と平安の交錯するところに、曲集 "Inventionen & Sinfonien" の礎石も置かれていると言ってかまわないであろう。それというのもこの曲集の基をなした細やかな楽想、曲集全体のエレメントをなした inventio それ自体がバッハ最晩年の、その死によって遂に未完に終わらざるを得なかった『ロ短調ミサ』の末尾に置かれた、平安を我等に与えたまえ dona nobis pacem の祈りを担って再び響き来るからである。孤影という静謐な悲しみのアフェクトの中で、しかし平安は限りない存在の喜びをもたらして美しく響く。もしも E Dur "Inventio" の在る場を問うならば、喜び踊る魂の根底はここに見る何か或る二つの存在領域の交錯するところに在ると言うのが正鵠を射ていると言い得るであろう。

　dona nobis pacem——与えたまえよ、美しくも「良い業」＝「幼児イエス」に在る平安を。
　omnia mensura et numero et pondere disposuisti——バッハはこ

れをどのように訳したのか。恐らくバッハは言うであろう。それは「すべてのものを神よ、あなたは響く音の強弱とリズム、そうして陰影に測って整えられました」ということである、と。これは要して "Das Wohltemperirte Clavier" にほかならない。即ち響く「宇宙のハルモニア」である。

# 終の章に

　かつてギリシアにおいて哲学は詩であり「音楽」であると考えられた。その典型的な一例はプラトンによって『パイドン』の中で獄中の詩人ソクラテスの創作をめぐって歓談する人々の話のネタに語られている。

　ギリシア人が呼んだその名の「音楽」は即ち「ムーシケー」であって、これを他言語に訳すのは不可能に思われる。種々の訳本の中で訳語は統一され得ない。

　今日の人の目には異なる領域を成して映る哲学や詩が、果たして何のゆえにギリシア人には「ムーシケー」の一語で在り得たのか。考えられるのは恐らく何か在って在る或る根源的なものが即ち「ムーシケー」であって、それが異なる言語を用いてギリシア人に語りかけたということである。だからこそホメロスもヘシオドスも、パルメニデスもプラトンもその本質において音楽家であったと言い得るのである。

　「音楽」の根源において「ムーシケー」は存在する──その「ムーシケー」に立ってバッハは音楽家であった。

## 1
### バッハは語る

　バッハは「ムーシケー」に関して、容易にはその意味を捉え難い次の言によって書き記した──「音楽を手に私は学術を修めた derjenigen Wissenschaft,welche ich in der Musique erlanget」。

　ドレスデンの宮廷に献呈された『ミサ』に添えて、バッハは音楽を修

めたと言ったのではない。バッハは、宮廷という生きる学術の館に向かって、またミサというキリスト教的神学宇宙論の本質を衝いて、自分は音楽における「学術」を修めたと言ったのである。

　無論、ヨーロッパにおいて、中世に大学が成立して久しい。だがバッハは大学に通うことなく、正規の教育はリューネブルクに在った若き日にひととき学んだにすぎない。だが教育において、大学において、すべての事柄を学ぶことは何人にも出来ない。あるいは教育を受けたところで、身につけた知識が「学術」を成すか否かは判然としない。逆に、学びの初期において事柄が正しく学ばれていれば、かつ、誰か或るひとりの人間に学びのセンスが備わっていれば、学術の道はひとりで歩み得る。

　何が学ばれてバッハはバッハの言を語り得たのか──なおルネサンスにおいて形成されたフマニスムスの流れの中で、バッハは学びの道を歩いたと考えるのが妥当であろう。学術といえば、そこでは古代ギリシア・ローマ以来の自由七学芸が中心に位置づけられていたに相違はなかろう。音楽家として、バロック表現法の中核に位置づけられていた修辞法を学ぶとき、修辞・弁論の在り方が早くローマにおいて規定されたキケロの言論に関する考え方から外れてこれが学ばれたとは考え難い。

　バッハの作品に関わって、あるいは広く音楽に関わって、キケロに範を求めて学ぶときに読まれるべく視線が注がれるのは『弁論家について』の一冊につきるであろう。晩年のこの著作において問われた修辞・弁論の基本論は、自ら政治の舞台に立って、また弁護士として活躍し、先立つギリシア・ローマの「万般の学術」を修めたキケロならではの論であるのは誰の目にも明らかであるからだ。弁論・修辞を学ぼうとするものに突きつけられた「万般の豊かな知識」を修めた上でなければ弁論・修辞を学ぶことは無意味になるという警告は、自身長くギリシアに渡って学知を修め、政治等の実践の場におけることばの術を完璧に手中に修めたキケロならではの言ではある。◆20

　だが、キケロ自身はいわば若書きの書と見なした『発想論』の冒頭に、

後年の言は表れていると思われる。当否はともかく、キケロがいう15歳の書を飾って冒頭に在るべき修辞・弁論の姿は明らかである。

　　幾度も内心深く考えたことがある。弁論の能力と雄弁への熱意は、人間や社会に善悪どちらをより多くもたらしたのだろうか……永い間考えてきて、自ずと一つの結論に到達した。雄弁の伴なわぬ知恵が共同体の役に立つことは無いが、逆に知恵の伴わぬ雄弁も害を与えること甚だしいだけで、決して何の役にも立たない。従って、学問と道徳に真剣で高潔な関心を寄せることなく、ひたすら全ての努力を弁論の鍛錬に向ける者は、自分自身にも何の役にも立たないばかりか、祖国にとって有害な人物としかならない。それに対して、祖国の利益を阻害するのではなく、祖国の利益の為に戦う手段として弁論で武装する市民こそ、自身にとっても全体にとっても最も有益で最も好ましい市民となるだろう。◆21

　生涯を通じてバッハが何と、何のために闘ったのかはこのキケロの言から充分に推測出来る。キケロにおける共和制のローマはバッハにあって、神の共同体の形をとる理想国家であった。その弁護のために即ちバッハは能う限りの努力を傾注して「音楽を手に学術を修めた」のであった。

　ライプツィヒ時代のバッハの交友関係の中に少なからぬ数の、ライプツィヒ大学の教授達の姿がある。交遊は、改めるまでもなく一方向的なものではない。大学の学術の世界にバッハは充分に対応し得たであろうし、バッハの筆がまとめた諸作は、大学の学知の世界にとって充分に惹きつけられるものであったに相違あるまい。
　キケロ的な意味での、ギリシア・ローマの学術の体系に関する深く豊かな学知が前提されない限り、バッハの諸作、中でも『フーガの技法』

や『音楽の捧げもの』、あるいはその二作をダンスによって表明した
『ゴルトベルク変奏曲』の楽譜を読むことは困難を究める。バッハの音
楽はその本質において、今日にみられるようなポピュリズムには馴染ま
ないものであると言わなければなるまい。

　バッハにおけるダンスはプラトン的宇宙論を、世界＝宇宙の諸相を映
し出す「組曲」として法則化したものであり、そのダンスを法則づける
ものを基に、法則づけられた宇宙・世界を巻物にして『ゴルトベルク変
奏曲』は展開されるからであり、中世以来追求された、法則づけられた
ものを数の関係によって表明する「響く数の学」としての「フーガ」の
大成は、この学術の体系を前提としない限り不可能であったであろう。

　とはいえバッハは常に天空を仰いでいたわけではない。地上の政は市
参事会員の選挙の際に、直接的にバッハの創作の世界に関わっていた。
しかし重ねて考えてみるに、バッハの政治観は現実の世界に鋭く、かつ
在るべき理想の国家論を求めるものであった。その、現実と理想の二つ
の時空を生きて在ったバッハを抜きにして『音楽の捧げもの』は成立し
なかったであろう。BWV71以下の市参事会のカンタータからフリード
リヒ大王の宮廷までの、二つの事象を結ぶ道はバッハにとって僅かに一
歩の距離であった。

　音楽を手に修められた「学術」の道の端初にあって、その扉に相当す
るべくまとめられた『インヴェンチオとシンフォニア』であった。即ち
この曲集を「エッサイの根」として、後年の『フーガの技法』その他の
諸作は文字通りにバッハの手が咲かせた「エッサイの花」であった。

2

響く天空

　バッハはしかし一介の音楽家であって特例ではない。歴史に立つヨー
ロッパ的創造意識の中でバッハに並ぶ創作の軌跡は幾度となく、その跡
を遺した。

北フランス、シャルトルの大聖堂を飾るステンドグラスはいかなる意味においても単なる装飾ではない。

　聖堂の建立に並行して存在したシャルトル学派を成した人々の追求した宇宙論の、色彩による視覚化の働きが生み出したのがステンドグラスと呼ばれる、色彩が織り成す形象である。

　ステンドグラスと呼ばれる画像はしかも、シャルトルにおいても他所と同様に思索された存在論の視覚化であって、この画像・そこに描かれて在る形象は影を持たない。存在は物質的でありながらも光によって照らされることによって中空に浮遊しつつ物質性を超脱するがゆえに、ステンドグラスが描き出した「存在」は、自らの影が地上に自己の姿を描く可能性を持たない。北イタリアのラヴェンナにおいてこの超越的存在は早く5世紀に、モザイクという物質によって視覚化されている。あるいは石を刻んで、石の中からその姿を顕にしたミケランジェロの『マタイ』は存在の影を持たない——バッハが生涯をかけて彫塚し続けた音の響きによる形象は、ステンドグラスに、モザイクに、また大理石に一致して、影を持たない響く宇宙をわれわれの前に存立させる。

　シャルトルの大聖堂を形作るステンドグラスが描いた宇宙は、一方で知恵の書に重なり、他方でギリシアの学知に一致する。エッサイの根から咲き出た天空の王国は図版の6に姿を見せている。

　古代ギリシアにおいて、なかんずくアテナイにおいて上演された悲劇と呼ばれるドラマは、人間の行動＝ドラマの中に映し出された聖なる摂理、即ち神々が割り振った宇宙の分＝法則を人々に伝えるべく上演された。上演の場所は宇宙の型を幾何学的法則によって地上に映すべく建てられた、ドラマを観察するための場である劇場であった。

　図版の8-1はシャルトルの、それ自体が「宇宙」を意味する「ばら窓」のひとつであり、これに、宇宙の法則を観察する場であった劇場の幾何学的法則を重ねたのが8-2である。8-3はギリシアにおける建築

［図版 8-1］　シャルトルの「ばら窓」

中央に聖母子像

［図版 8-2］ 「ばら窓」に幾何図形を書き込んだ
もの

［図版 8-3］ ウィトルウィウス『建築論』によ
る幾何図形

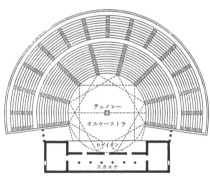

［図版 8-4］ ギリシア劇場
（ウィトルウィウス、ドイツ語訳版）

a（中央） テュメレー
　　　　　　（オーケストラの中心・祭壇）
a（周囲） 階段
b　入口
cd　スカエナ（舞台）の前方
fg　スカエナの前面（背景）
R　柱廊の戸（観音開き）
H　客室
V　舞台袖
π　出演者入口

の在る姿を記録したウィトルウィウスの『建築論』に依る幾何図形。図版 8-4 は 1796 年にライプツィヒで出版されたドイツ語訳に付された同一の図版である。

　オリエント／エジプト → ギリシア・ローマ → キリスト教的中世……長大な歴史を成しておもむろに形成された「学術・学知」——それに関するキケロの言を改めて手にして問うに、バッハの音楽に向き合うわれわれの個々が果たして幾ばくかのものであれ、学知を駆使し得ると言えるのだろうかという問いは繰り返されてエコーが止むことはない。バッハの音楽は今日においてなお、オイディプースに向かって放たれたスフィンクスの問いに等しい——「音楽」とは何か。
　バッハに親しい先達のひとりであったヴェルクマイスターが恐らくはこの問いに対する応答を述べるであろう。[22]

　　咋今の多数に亘る事例にあって、音楽 musica たるものに関する基本的学知は欠落している…そのような事情にもかかわらず音楽 musica はあらゆる哲学の、中でも数学と自然学 physica にその類縁性 verwandschaft と原理 principia を負っている…異邦人であった賢者プラトンとキケロがその真性の在り方 de finib. について記したことを思い出さずにはいられない（序文及び頁 2）。
　　…神が創造に当たってどのように六日間を用いたか…完全なハルモニーは 1:2:3:4:5:6 という数によって成り立つ…宇宙の四元素はオクターヴに対応して C は大地、e は水、g は空気、上の c は火…（144・145 頁）。

　バッハの『序曲』Ouverture BWV831 において「序曲」は「王の到来」を告げる。その構造の ABA' の A は反復されて「40」小節。十字架から復活されて昇天までの日数は「40 日」とされる。また 40 は四

元素×10 であって、四元素は 1＋2＋3＋4＝10 としてピュタゴラスの完全数である。A' で「主の到来」が再び告知されるその「とき」は「144」の小節である。BWV831 の終の響きにバッハは「エコー」という、恐らくは Dona nobis pacem の祈念に対する天空の浮遊する応答、天上のエルサレムの降下を描いて「144」の時を刻んだ。

＊

　　1・2・3・4・5・6＝720＝72×10

　　　創造された万有は四元素から成る 1・2・3・4＝24＝12×12

　　1＋2＋3＋4＝10

　　1 と 2 → 12

　　3×4 → 12

　　12＋12＝24

　　12×12＝144

　　　ピュタゴラスに、かつヴェルクマイスターに倣って 1・2・3・4
　　　はオクターヴに依る万有の象徴

　　1:2 → オクターヴ

　　1:2:3:4 → オクターヴと 5 度と 4 度

　　これに付加されて 5 と 6 は長短の 3 度

　　宇宙は何故数によって捉えられるのか。

　　宇宙を数によって捉えたのは人間の学術に立つ学知である。

＊

　長短の 3 度 4・5・6 ＝宇宙（120）——バッハは Das Wohltemperirte Clavier に、ド・レ・ミ：レ・ミ・ファと記した → do・re・mi+do (re)・re (mi)・♭ mi (fa) → do・re・♭ mi・♮ mi →鏡に映すと ♮ mi・♭ mi・re・do →読み替えて F 記号にした場合

→ BACH による 24 + 24 = 48 = INRI による宇宙の「プレリュード
とフーガ」の曲集になる。

註

## PART I

1. こうした「時間」の在り方に関する第一の参考文献は『聖書』、なかんずく「旧約」である。また少なくとも次の二著を参照。

フィリップソン『ギリシア神話の時間論』廣川洋一・川村宣元訳、東海大学出版会、1992（第2版）

ヴァン・フローニンゲン『過去からの発想──ギリシア思想の一つの相についてのエッセー』野口杏子他訳、未来社、1988

2. バロック音楽の創作・演奏法において重要な役割を果たした「音型」と訳されている figura はギリシア・ローマの古典古代における弁論術の領域において追求された話法の一技法である。音楽史的にはとりわけてルネサンス／バロック期にこの弁論・修辞の技が転用されて独自の手法を成すに至った。

例えば、アポジオペシス aposiopesis は話の突然の切断によって聴衆の注意を引き付けるものであるが、音楽表現法の中ではこれは休符によって、旋律ないしフレーズの突然の切断を求める figura として活用された（註29、譜例15参照）。バッハ作品ではしばしば終曲する直前に置かれて高揚感を高める。また休符は当然のことながら呼吸法と深く結びついて特別の表現をもたらす。つまり、ススピラチオ suspiratio と呼ばれるこの「呼吸」の技は他方で「ため息」の figura としての役割をも果たして楽曲の表現・表情の陰影を深める。バッハの『ヨハネによる受難の音楽』第30曲の、死との闘いの終結を告げるアリアの冒頭及び最終部分39／40小節にその好例を見ることが出来る。即ち、このアリアの前奏及び後奏のフレーズに suspiratio は多用されて、その悲しみの「吐息」によって十字架の死の影を深めるのである。また、ベートーヴェンのソナタ作品110における「哀歌」→フーガ→「哀歌」の再現における「ため息」の巧みな用法の中に『ヨハネ…』第30番のエコーを聴くことが出来る。

併せて、ラテン語で呼ばれる figura はローマの詩人プラウトゥスないしルクレティウスがギリシア語の「イデア」ιδεα をラテン語訳したものであり、本来何か思索されて在るものの「顕現」「外化された型」を意味する。従って、figura という「型」は当然のことながら単なる表現法として捉え得るものではなく、ギリシア哲学において追求された、例えばアリストテレスの『詩学』における演劇上の問題指摘にみられるように、一般的には「模倣」と記される「ミメーシス」の問題にも遡るものである。恐らくドビュッシーの『映像』＝映し出された形態もここに根差す響きの世界として捉え得るであろう。

　バッハの曲集『インヴェンチオーネン』の分析もしくは演奏についての検討に際して推薦し得る優れた演奏は『バッハ「聖なるもの」の創造』（丸山、春秋社、2011）に附された CD（演奏　臼井雅美）に聴かれる。

3．バッハの時代にも降誕祭は伝統に従って三日に亘って祝賀された。教会の年間の活動を示す教会暦の中で三日に亘る祝日は降誕祭の他に復活祭、聖霊降臨祭であった。教会暦の歴史的展開については『バッハと教会』（丸山、音楽之友社、1989）参照。

4．Olearius, Johann. *Biblische Erklärung*, 1678-1681, Leipzig, Bd. V, S.11ff.

5．ルカ福音書には二つの「新しい国」であるギリシア人の呼んだコスモス＝宇宙の誕生が記されている。ベツレヘムでの出来事は歴史上の「ローマ帝国」の成立と時を同じくしている（ルカ第1章）。その、地上の帝国に対する歴史を超えた神聖な「神の国」の出現は第1・2章に記されている。
　バッハの『クリスマス・オラトリオ』第1部の冒頭は自筆譜ではこの二つの国が上下二段に記されて、その歴史的並行現象が音楽的に視覚化されている。譜例5は自筆譜の冒頭部分及びそれを現代譜によって再現したものである。

6．ゲマトリアに関しては『神こそわが王』（丸山、春秋社、2008）所収「バッハと数、ゲマトリア再論」を参照。バスを欠いた作法に関しては同書「モンテヴェルディ断章」を参照。

7．Melvin P. Unger. *Handbook to Bach's Sacred Cantata Texts*, Scarecrow Press. Inc. Lanham, Md. & London, 1996, p.215

8．バッハのカンタータ・テキストにも顔を出す「甘美なるもの」がキリスト教神学の幾分神秘的な語彙に拠るのみならず、ルネサンス期に文学化されたプラトン哲学に立つものでもあることはガレン『イタリアのヒューマニズム』（清水純一訳、創文社）第4章参照。バッハのカンタータ・テキストの中にプラトン主義に象徴される「異教の哲学ないし神学」がどのように流れ込んだかについては今後の研究をまたねばなるまい。イギリスからの「ばら十字」とバッハについては『神こそわが王』（前出、註6）参照。

9．バッハ作品にも殆どひっきりなしに姿を現わす「144」の出典は『聖書』の末尾に置かれた「ヨハネ黙示録」の最終部分に描かれた、地上へと降下する「天のエルサレム」＝神の国（都）の寸尺であり、ヨーロッパ中世以来の、神学的理想国家の表現を担うキーワードのひとつである。なおバッハの作品では以下のような数連関に立つ諸数がフレーズや作品の構造の要となって用いられている。
　　2（二元的なもの、天地、太陽と月 etc. キリストの二性）／3（三位一体）／→4（四元素、四季、四方 etc. 1+2+3+4として完全数10、十字架）→6（天地創造の六日、そこから中世の六日に関する論攷、6音音階）→9（ミサ・Kyrie 誦の3×3、ローマ時代の9時課＝キリストが十字架上で息をひきとった時刻）→12（星座、1年 etc.）→36→72（3日＝キリストの復活、神殿の建築に譬えてのキリストの体）→144（神の国、INRI＝48×3、144×2＝288は「旧約」歴代誌・上に記された神殿に奉仕する音楽家の数＝バッハはこの数を自らの教会音楽の神聖な基とみなしていた）。

コラール Nun komm der Heyden Heyland の綴はバッハ時代のそれに従っている。今日の書式の Heiden Heiland に代わる旧綴を使用することによってゲマトリアにおける数の figura としての役割が変わる。バッハ作品においては旧綴がゲマトリア的にもまさしくその役割を果たしていると考えられる。このコラール・タイトルのゲマトリアは 243 であり、その数 243 には「ばら十字」の指標のひとつとされる「あなたの翼の陰で」sub umbra alarum tuarum も存在する。バッハの思想史的立場をめぐる数の不思議な一例である。

　但しバッハの時代に今日のドイツ語におけるそれのように統一・標準化された綴は存在せず、いわば方言のように時と場所によって同一単語の綴は変化する。そのため、バッハ自身が用いた綴もしくはそれに対応する事例における綴を使用する必要があることは注意されて然るべきであろう。

10. 第一アドヴェントが即ち棕梠の日曜日に重なる神学的視点は、例えばバッハにとっても身近な存在であった神学者ヨハン・アルント等の説教集を飾った図版からも容易に看て取れる。エルサレム入城のキリストを描いた図版 1 はアルントの『説教集』の、第一アドヴェントと棕梠の日曜日の双方の項に附されたものである。

11. ミサ典礼文には、地上の教会の典礼に映し出されている、ヨハネ黙示録 4 の「天上の典礼」が特に Sanctus テキストとして歌われるが、同じヨハネ黙示録 21 の「天上のエルサレム」とそこからの到来＝Benedictus 及び Sanctus は一体化されたひとつの像として捉えられるのが望ましい。

12. ミサ通常文の綴は caeli であるが、これと並行して coeli もミサ通常文では用いられている。バッハは後者の coeli を使用している。同様に hosanna は osanna のスペルをとっている。なお、pleni sunt の詞行は gloria を作用因とする受動文として訳されている。

13. ルネサンス以来の音楽に関する諸事項を理論的にまとめてドイツに伝

えたプレトリウスの『音楽大全』(1619) にはこの「充たされた宇宙」が図像として描かれている［図版2参照］。なお、図版2の「充たされた宇宙」に関しては『バッハ　ロゴスの響き──創造と非有に関する断章』(丸山、春秋社、1994年) 所収の「非有の響き」を参照 (特に190-208頁)。

14. ibid. Olearius V, S.182

15. 古代ギリシアにおいて追求され論理的体系づけられたコスモスに関して概略プラトン→アリストテレス『宇宙論』→キケロ『国政について』の末尾に置かれた「スキピオの夢」に至る思想の系は押さえられておく必要がある。この流れはルネサンス・バロック芸術の思想的基体をなしたと言わねばならないであろう。とりわけて音楽の領域で用いられる「ハルモニア (ハーモニー)」という名称はここに見る「宇宙」を要して一語としたものであり、さらにその「宇宙」を支えたピュタゴラス的数比例が「ことば」の響きの中に存在することを「ロゴス」は表わすことになる。詳しくはアウグスティヌスの『音楽論』(註16) を参照。

　加えて旧約・知恵11・20に記された創造の秩序、即ち神は宇宙を数、重さ、長さによって均衡がとれるよう整えたという記述は、ヨーロッパ中世以来のキリスト教的ギリシア的宇宙観の基として重視されたことも考量される必要はある。ヨハネ的ロゴスと知恵11の総合を詩篇19に見ることも、バッハ作品の理解に不可欠である。

16. アウグスティヌス『音楽論』第6巻に、とりわけその第11章を中心に、こうした問題の最終的側面は記されている。

　なお、ことばにおける韻律とピュタゴラス的数比の関係に関しては、古代ギリシアの言語構造もふまえておく必要がある。かつ、ギリシアのドラマ (悲劇) は「詩」の形で書かれて音節の長短は 1：1/2 = ♩：♪であった。この音節上の数比例を前提にアウグスティヌスは『音楽論』を認めている。と同時に、このドラマ (悲劇) の創作法について記されたアリストテレスの『詩学』が、ルネサンス＝バロックの芸術の基礎をなしたことも注意されな

ければならない。この点に関しては次の三著作を参照。

1) アリストテレス『詩学』(岩波書店、「新版アリストテレス全集」の「註」はバッハ作品についての検討にも有益である)。

2) グラッシ『芸術と神話』(榎本久彦訳、法政大学出版局。133 頁以下、特に 142-152 頁)

3) アウグスティヌス『音楽論』(教文館出版部、著作集 3)。併せて、この数比理論を音楽家がどのように演奏という実践面に結びつけたかについては『バッハ「聖なるもの」の創造』(丸山、春秋社)の 292-359 頁を参照。

17. コラール "Nun komm der Heyden Heyland" や『ヨハネによる受難の音楽』第 30 曲(アリア)の詞の中に敷衍されて詩的言語として述べられているいわゆるキリスト論に関する討議はキリスト教の初期の段階で長い時間の中で、時に激しい論争を呼んで行われ、やがて 4 世紀に「クレド文書」の形にまとめ上げられた。この文書はミサ典礼文の「クレド」章に用いられている。以下の資料はその「クレド」の一部、キリストについての部分であり、ここにこそ、降誕と受苦、十字架上の死と埋葬、復活は明記されてバッハの創作の世界の中心点は存在すると言い得るであろう。

Et in unum Dominum
Jesum Christum
Filium Dei unigenitum,
Et ex Patre natum ante omnia saecla,
Deum de Deo, lumen de lumine,
Deum verum de Deo vero.
Genitum, non factum,
consubstantialem Patri,
per quem omnia facta sunt.
Qui propter nos homines.
Et propter nostram salutem,

descendit de caelis.
et incarnatus est de Spiritu Santo
ex Maria virgine, et homo factus est.
Crucifixus etiam pro nobis
sub Pontio Pilato passus,
et sepurtus est.
Et resurrexit tertia die, secundum Scripturas
et ascendit in
caelum, sedet ad dexteram Patris.

われは信ず、唯一の主
神の御ひとり子、
イエズス・キリストを。
主はよろず世の先に、父より生まれ、
神よりの神、光よりの光、
まことの神よりのまことの神。
造られずして生まれ、父と一体なり、
すべては主によりて造られたり。
主はわれら人類のため、
またわれらの救いのために
天よりくだり、聖霊によりて、
おとめマリアより、御からだを受け
人となりたまえり。
ポンシオ・ピラトのもとにて
われらのために十字架につけられ、
苦しみを受け、葬られたまえり。
聖書にありしごとく三日目に
よみがえり、天にのぼりて、
父の右に座したもう。
                （平凡社『音楽事典』より土屋吉正訳）

バッハの "Inventionen" において E Dur と併せて F Dur は「(天空の) 自らの道を駆けて行く勇士」を描き、f Moll・h Moll は十字架と死の、受難の痛みを表明している。G Dur は詩篇 23 の「羊飼い」を描き、そうしたキリストの諸相への深い瞑想＝魂の歌を『ヨハネによる受難の音楽』の特に第 1 曲と共鳴しつつ g Moll は歌っている。従って曲集 15 の "Inventionen" 及び "Sinfonien" を『ロ短調ミサ』との関連性の中で「クレド」の音楽化として捉えることが出来る (併せて 129 頁以下を参照)。

18.「食事」に関して生活慣習もときに極めて有益な知識を提供する。ラテン語＝ドイツ語の辞書 Der neue Georges に拠れば、食事の時間は午後 3 時ないし 4 時頃。食事を指す名詞 cena は「ローマ人の日々の正餐。通例は 3 時ないし 4 時」であり、食事をするを意味する動詞の ceno はこの cena を食することを言う。*Der neue Georges*, 2013. Bd.2. Sp.826, 828. WBG, Darmstadt. 中世の教会用語では cena は最後の晩餐。*Mediae Latinitatis Lexicon Minus*, Niermeyer. Bd.1, S. 216. Brill Leiden-Boston, 2002.

19. 数「17」はヨハネ福音書 21,11 に記された「魚」を意味し、この「魚」はミサ典礼に集う人々をも象徴する。イエスに言われて漁師ペテロが網を引き上げると「百五十三匹もの大きな魚でいっぱいであった」。153＝1+2+3+…16+17 の和であり、17×9 である。数「9」は即ち 1+3+5 であり、ローマ時代の「時」の刻みでは今日の午後 3 時。キリストの十字架の「時」に一致する。また 135 は並び替えて 153 である。153＝コラール Jesu meine Freude (イエス、私の喜び) のゲマトリア。

20．ibid. Olearius V S. 1922

21．バッハの諸作に折に触れて顔を出す、最後の審判を歌うグレゴリオ聖歌の「その日、裁きの怒りの日」dies irae の旋律はこのことを表明しているかと思われる。

22. ibid. Olearius V S. 392

23. ibid. Olearius V S. 182　この訳は註 14（本文 25/26 頁）を参照。

24. 註 29 及び譜例 15 を参照。

25. バッハが所有していたカーロフ版聖書、歴代誌下 5,13・14 の欄外に註
記したバッハ自身の「音楽観」は即ち次のようである。「敬虔なる音楽には
いつの時にもその恵みと共に、神は臨在されています」。歴代誌の本文は神殿
における奉仕の際の讚美の声に応えて主が到来されるそのときに、神殿に充
ちる聖なるものの在ることを描いて記す。ミサのテキストはこれに一致する。

　　　　主の栄光は神殿に満ちた
　　　　conpleverat enim gloria Domini domum Dei＝pleni sunt Gloria
　　　　　　　　　　　　　　　　　　eius（ミサ・テキスト）

26. バロック時代の芸術作品に、なかでもバッハの音楽＝演奏・表現に際
して強く求められるアフェクトは人の魂の在り方を問い、魂の在り方に働き
かけるものであり、ルネサンス・バロックの芸術とその時代を形成させた要
因のひとつである、ギリシア悲劇におけるカタルシスと同様の意味を持つも
のであると考えられる。魂を揺り動かし、ときに浄化させるアフェクト＝カ
タルシスの医学的働きに関しては前出・註 16 に触れた岩波版・新版アリス
トテレス全集 18『詩学』の解説（朴一功）が参考になる。
　　また figura はプラトン的イデアのラテン語訳されたものであって（註 2 参
照）、人の思索において捉えられ「眺められた原形、原イメージ」の具体化
であると判断するとき、figura はアリストテレスが『詩学』の中で言及した
「ミメーシス」との関連において捉えられることになる。併せて、ルネサン
ス・バロック期に顔を出した、ピエトロ・フランチェスコ・カヴァッリの宗
教劇に象徴される repraesentatio もここに関連づけられる。

27. ibid. Olearius V S. 1519

28. ibid. Olearius V S. 1948

29. バッハ作品に直接するヨハネ黙示録の例としてはカンタータ BWV21 の終章を挙げることが出来る。この部分もキリスト論に拠るゲマトリアでその構造が決定されていると判断することが可能であって、バッハが好んだ構造区分の一例を示して全体は以下のように捉えられる。
　一般的作法からすれば、12 小節目でアレグロに変わる「12」が構造を決定することになるであろうが、バッハの筆の運びに即して眺めた場合に、恐らく次のように読まれるのが正しい把握になるであろう。小節数は 68 であって、その区分は 1-10,11,12-68. そこから導き出される数的宇宙論——

　　　　1→11×4 分の 4＝44×2＝88(Creutz 十字架)／×3＝132(O Lamm Gottes 神の子羊)
　　　　1→10×4+2 (11 小節目)＝42 待望されるイエス・キリスト、その到来
　　　　12→67+1 (68 小節目)
　　　　12→67＝56×8 (分音符)＝448→×2＝896
　　　　11 小節目→2+2 (4 分音符)
　　　　　2＝8 分音符 ×4
　　　　68 小節目＝8 分音符→5+3

　　そこから導き出される数＝453

　　896＝以下のキリスト論になる。
　　et in unum Dominum Jesum Christum
　　Filium Dei unigenitum
　　et ex Patre natum
　　ante omnia saecula

また唯一の主イエス・キリストを

　　神から生まれたもう唯一の御子（の存在）を私は信じその方が父の本

　　性から全ての世に先立って（生まれたもうたことを）

　453＝そのキリストのなされた業を説きキリストへの嘆願を歌う

　Agnus Dei

　qui tollis peccata mundi

　miserere nobis

　　神の子羊アグヌス・デイ

　　世界の諸々の罪を担いたもう方

　　憐れみを私達に

　68小節目の8分音符は×5これを1+4→41とした場合に待望されるイエス・キリストの到来を告げる「42」には休符が置かれている。これはアポジオペシス aposiopesis と呼ばれる figura であって「待望される方」の訪れ来ることを見守る衆人の「固唾を呑んで（天空を）見つめる」様とそれに応えて来る「そのとき」を表している［譜例15］。

30．Soli Deo Gloria の略である S.D.G.＝29 はバッハの自筆譜の末尾に記されている。対をなして曲頭には J.J.＝Jesu Juva イエスよ守りたまえ（J.J.＝99＝33×3）が書き付けられている。この書き付けはバッハだけが用いたものではないが、ルネサンス以降の時代の中で、古代ギリシアの詩人達が詩作に当たって記した詩神ムーサへの祈念との共鳴を響かせていると思われる。

　　怒りを歌え、女神（ムーサ）よ

　　　　――ホメロス『イリアス』第一歌（松平千秋訳、岩波文庫）

　あるいは旧約の預言者にあって「ことば」は聖なるものによって人の口に託されるべく送りつけられた使信であった。

主の言葉がわたしに臨んだ（エレミヤ1・4）
　　主は手を伸ばして、わたしの口に触れ／主はわたしに言われた。「見よ、
　　わたしはあなたの口にわたしの言葉を授ける」（エレミヤ1・9）

　祈念に応えて訪れ来る「ことば」＝聖なる霊に捉えられてこそ優れた作品
が成立し得ることはプラトンによって説かれ、かつルネサンスの創作に少な
からぬ役割を果たした。その一例証たり得るであろう——ルター版『聖書』
の四福音書の冒頭には各々のエヴァンゲリストの頭上に訪れ来る"霊"が、
もしくは訪れ来るに違いない「ことば」を待望するエヴァンゲリストの思索
の「そのとき」に訪れ来る"霊的ロゴス"が図示されている［図版9］。

［図版9］
ルター版聖書のマタイ福
音書に描かれた"霊的ロ
ゴス"の図

31．十字架の調とされているロ短調のミサに使用された Dona nobis
pacem の旋律がライプツィヒの教会歌から導き出されたものである、とい
う指摘はクリストフ・ヴォルフによってなされている。"Der stile antiko in
der Musik Johann Sebastian Bachs", Beihefte zum AfMw Bd.VI, 1968,
S.180

しかしこの事柄が既に 1960 年に美術史家によって指摘されていることを
どのように判断するか——『われらに平和を与えませ』Dona nobis pacem
にこの上ない確信を、『われら、いましに謝す』Gratias agimus tibi にこの
上ない荘厳さを与えるため、バッハはこれら二つのフーガのテーマをグレゴ
リオ聖歌から流用した。
　——パノフスキー『ルネサンスの春』(中森義宗他訳、思索社、1973)、46
頁（原著は 1960 ストックホルム）

## PART II

1. 第6曲のテキストの訳については次の四点を軸になされるのが正鵠を射
ていると判断される。
　1) 第5曲と第6曲の間に介在する第2挿入曲のテキストが語る事柄。
　2) ウルガタ版聖書本文に在る "eius" が削除されている点。ヒエロニュム
　　ス版ウルガタの本文では "misericordia" の後に "eius" が置かれてい
　　る——et misericordia eius
　3) このテキストをバッハは f Moll の、しかもパストラーレを採って音楽
　　化している。
　4) 第2挿入曲から第7曲に向かう詞の流れの中に、ルター派＝バッハの
　　神学にとって重要な「十字架への降誕」を読み取ることが出来る。ま
　　た、そうすることによって、例えば『ヨハネによる受難の音楽』第30
　　曲の「死の超克」を「高ぶるもの」に重ねることが可能になる。

　ウルガタ版の "eius" は「力ある、大いなる業」をなされた「神」のこと
を指し示している。従って "misericordia" は「神の憐れみ」を顕にしてい
る、即ちキリスト・イエスの誕生を意味していると判断される。
　それに対して人称代名詞 "eius" が削除されることによって "misericordia"
が大きく異なる意味を帯びることになった。その意味について問う際に、第

6曲の付曲法が、いわばこの "misericordia" の註解の役を果たしていると考えることが出来る。

　バッハの創作の世界において8分の12のパストラーレはまず第一に旧約の詩篇23を響かせるものであると言い得る。その冒頭の「主は羊飼い」に関しては本書PART Iの中で既述されているが、その既述部分も踏まえながら再度ウルガタの詩篇について以下の註記をしておく必要はあると思われる。改めてその第1行を眺めてみる。

　　　主は羊飼い、わたしには何も欠けることがない（新共同訳）

　　　DER HERR ist mein Hirte／Mir wird nichts mangeln（ルター版）
　　　主は「私の」羊飼い／私には何も欠けるものがない

　一方、ウルガタ版には二通りの詩篇訳が記載されている。旧約ヘブライ語の原典をギリシア語に訳したいわゆる「七十人訳聖書」の詩篇をヒエロニュムスがラテン語に訳したもの（a）と、ヘブライ語の原典から直接にラテン語訳したもの（b）とである。各々の冒頭を取り上げてみる（ウルガタの詩篇の番号は新共同訳やルター版と1番ずつずれる部分がある。23はウルガタでは22である）。

　　　a）Dominus reget me……
　　　b）Dominus pascit me……
　　　a）主は私を導く／支配する……
　　　b）主は私を養う／食させる……

　バッハにとって「主」は羊飼いとして羊を養い、かつその養いを通じて羊の群れを治めるものであった。それゆえにしかし目下の第6曲の理解にとってこの詩篇の第4節は少なからぬ意味を帯びていると判断される。

　　　死の陰の谷を行くときもわたしは災いを恐れない。

あなたがわたしと共にいてくださる
　　（新共同訳。ルター版もほぼ同一）

　これを要するに、養い治めて食を供するのはその背後に歴然として「死の陰」即ち十字架の道が存在するがゆえである。養うのは二様の意味において生命を治めるのであって、現実の世界において肉体的存在を治めかつ「来るべき世の生命」を治める。

＊

　Magnificat——第6曲の詞にある misericordia は 1）憐れみであり、かつ 2）他者の痛みを共に苦しむことである（Langenschidt）。
　第6曲の詞にあって "eius" が削除された結果、この "misericordia" は "Mitleid" として、a progenie によって人々にもたらされたことになる。しかも "progenie" は「子孫」とも「若枝」とも訳せる単語であって、これに第4挿入曲の詞にみえる「エッサイの枝」を重ねるとき、問題の "misericordia" はこの「若枝」即ちキリスト・イエスによって代々に連なる人々に、即ちこの「若枝」に心痛める人々 timentibus にもたらされたということになるであろう。別言して misericordia は「死の陰」を伴って、即ち「十字架」と共にあってその十字架の、受苦されたキリスト・イエスに心痛める人々に代々に亘って指し示されたということになる。それであればこそバッハは「死」を担う羊飼いキリストを f Moll で、死の響きに包んで描き得たのだということになるであろう。

　　自分の十字架を担ってわたしに従え
　　　（マタイ 10,38）とはキリストの言である。

　試みに第2挿入曲の詞の最後と第6曲冒頭のそれとを結んでみる。

　　das soll euer Freud und Wonne sein
　　et misericordia a progenie

この子こそあなた達の喜びであり至福となるに違いないでしょう
そうして受苦を共にする歩みがこの若枝によってあなた達に……

2.　*Mediae Latinitatis Lexicon Minus*, Niermeyer, Brill, 2002, S.192

3.　Olearius: *Biblischer Erklärung*, 1681, Bd. V S.382

4.　アルフレート・デュル BWV243 への解説、ベーレンライター＝音楽之
友社 ポケットスコア、1968 参照。なお邦訳の「装飾的な様式」Figuralstil
は「多声部音楽・ポリフォニー様式」。

5.　『バッハと教会』丸山、1989、音楽之友社、80／81 頁

6.　ibid. Olearius V S. 381

7.　一般にラメント・バスの呼称で知られる音型 figura は葬送・埋葬の際の
「哀歌」Lamentatio を意味すると考えられるが、その使用例から判断して
そこには多層的な表現機能が読み取れる［譜例 20-b 以下参照］。
　死への哀しみの歌は、一例を挙げればパーセルの『ディドとエネアス』の、
ディドの自殺の場にこれをみることが出来る。と同時にこのときにディドが
口にする別れの詞の中に嵌め込まれている「運命」の語が告げるのは、ディ
ドの死を結果させている神律もしくは神の摂理であって、ラメントはその中
に相反するかにみえる哀しみと神律を響かせている。
　パーセルの例と同様に、バッハの『マグニフィカート』第 6 曲でも半音
階的にこの figura は使用されている。パーセルの場合もバッハの場合も、
その半音階的下降の両端にあって、この下降を枠づけている二つの音の音程
は 4 度である。同じ 4 度の半音階的下降でありながら、古代ギリシアのホ
メロスに遡るウェルギリウスの英雄叙事詩の一齣を飾るパーセルの場合と異
なってバッハの事例はキリスト論の表明のために用いられている。
　f Moll の中に嵌め込まれた BWV243a に対して改訂稿の BWV243 では e

Moll の中でこの figura は響いている。これを要するに、改訂稿のそれはやがて『ロ短調ミサ』の「十字架につけられ」の詞に同一の型で用いられて、十字架における神の計画を表明することになる。と同時に興味深いのは、この「十字架」Crucifixus のバスに置かれて十字架の底意を歌うこの figura がカンタータの BWV12 から転用されたものだということである。BWV12 は BWV243a と同一の f Moll の中に嵌め込まれて受苦する者の悲しみの涙の滴りを描き、移されて "Crucifixus" では神意を歌うのである。またバッハの『ヨハネによる受難の音楽』の冒頭に響いて天上の栄光のキリストを描き出す。

　他方で、とりわけ十字架の受難の歩み＝重苦しい歩みを表して passus duriusculus と別称される半音階的下降に対して、同じく 4 度の下降を全音階的に下がって行く型があって BWV243／243a の第 10 曲にみられるように、バッハのさまざまな作品の中にその姿を顕している［譜例 20-h］。

　オペラ成立期に遡るその用例のひとつ、モンテヴェルディ晩年のマドリガーレ集に収められている「ニンファの嘆き」＝『フェーボが再び来る前に』においてこの下降音型はいつ果てるともなく反復されて、フェーボ即ちアポロの手に握られて人智を超えた神々の摂理を、人の力の遠く及ばない宇宙的法則を告げている。

　そこでは不動の、聖なる力の響きが求められる。同じく、バッハの諸作においてこの figura は受肉して天上から到来される神・キリストを表していると判断される。但し、この figura のこのような読みに関しては次の事柄を押さえておかねばならないであろう。

　1）二様の旋法──ギリシアの旋法と教会旋法

　モンテヴェルディからバッハに到る下降音型はいずれもギリシア旋法に由るもので、ドリアと呼ばれる型に属す。このドリアはガフリウスの音楽論に付された図版の中で太陽神アポロの旋法とされている。

　キリスト教の中で用いられたローマ期のモザイクにおいて、キリストは太陽神として描かれている。その伝統に立って判断する限り、ルネサンスのアポロ太陽神とキリスト太陽神とが重ねられてドリア旋法で描かれたと考えられる。

下降する型の旋法はギリシア旋法であって、音階は二つの4度枠を繋げてオクターヴは形成される。テトラコルドと呼ばれるこの下降4度はモンテヴェルディからバッハの作例における下降音型に至って一致する。従って、通例ラメントの figura として捉えられる下降音型はドリアのテトラコルドでもある。テトラコルドは全音階的下降音型であって、全音＋全音＋半音の型をとる。

　2) 中世から伝えられた6音音階＝ヘクサコルド

　音階的に下から上に向かう場合にド→ラの6音によるヘクサコルドは、バッハ作品の中で重要な役割を果たしている。例えば6曲をセットにした無伴奏ヴァイオリンのための作品はヘクサコルドの宇宙空間に拠ってまとめられている。

　ヘクサコルドの理論では音階の第7音に当たる シ は用いられない。常にド→ラであって、これを4度の下降型にした場合、得られるのはラ→ソ→ファ→ミの型であり、これはドリアのテトラコルドに同一となる。バッハ作品における下降4度音型は、ドリア＝ヘクサコルドのラ→ミと読むのが正しいと判断される。

　3) ラ→ミのテトラコルドは理論的にはオクターヴの音階の中でミ→シによっても形成される。しかしヘクサコルドではシは使われないため、ドリアのテトラコルドはラ→ミとなる。

　ヘクサコルドは移動ドであるため、音階中のいずれの音位置から始められても常にラ→ミと読まれる。

　このドリアのテトラコルドは即ちどのような音位置、音域で使われても常に同一の在り方を示す。バッハ作品におけるコラール旋律と同一の意味において、この下降4度音型は、それがキリストに結びついている限りにおいて、古代ギリシアの哲学＝宇宙論において追及された宇宙ないし存在を秩序づける「法則」＝ノモスの役割を果たしていることになる。

　全音階的テトラコルド＝ノモスが十字架・死と結びついて姿を顕しているのが passus duriusculus である。

8. 以下の f→F の記述及び更なる調的共通性による異なる作品相互の内的

連関性については 107・130 頁及び註 17・19 を参照。

9. デュエットという音楽の構造＝在り方によってクレド文書に明記された
キリスト＝神の子・人の子という存在の二性を表明する技法 ars に関しては
『ロ短調ミサ』の「クレド章」第3曲の第1稿を参照。そこでは「キリスト、
唯一の神の子」と「マリアにおいての受肉＝人の子」のテキストが分ち難く
結ばれて「一体」を成している。後にこのテキストの一体性は第2稿にお
いて「神の子」（第3曲）と「受肉＝人の子」（第4曲）に区分されて、キリ
ストの二性が際立たせられることになった。

10. *Leiturgia*, Bd. II, S. 27 Johannes=Stauda=Verlag, Kassel,1955

11. ibid. Olearius V S. 394

12. virga は王権の象徴である王笏であり、かつ裁きの笏、測量に際しての
測る物差を意味する。天のエルサレムの寸尺を測る「金の物差」が天使の手
にあった（ヨハネ黙示録 21,15）。古典ラテンでは virga は若枝、棒であるが、
中世ラテンでは上記の王笏等の意味を担うことになった。キリスト・イエス
を世界・宇宙を治めるものとして捉えた言であり、同時に笏は羊飼いの杖で
あってキリスト＝良き羊飼いの表象として virga の一語それ自体がキリスト
論を内在させている。この王笏の意はまた幼児イエスの手に置かれた球によ
っても表現された。*Mediae Latinitatis Lexicon Minus*, Niermeyer, Brill,
2002, Bd.II S.1445/6 参照。
　なお floruit は神律による降誕をその背後に読んで完了受動態として訳し
てある。

13. recordatus＝recordor の完了受動分詞。recordor はかつての出来事に
「思いを致すことによって心の中に(その事柄を)現−在−化させる」vergegenwartigen
ことである (*Der neue Georges*, WBG, Darmstadt, 2013, Bd.II, Sp. 4072)。即
ち、ここでいう「現在化」は神の救いの計画の具体化のための降誕として捉

えられる。それはしかも十字架への降誕であって、計画は十字架によって「果たされた」Es ist vollbracht＝『ヨハネによる受難の音楽』第30曲に到る。

14. ibid. Olearius IV 1680 S. 69

15. ibid. Olearius V S. 1400

16. ibid. Olearius V S. 2017

17. 知恵と第二マカバイ記による創造論とクレド文書との関係についての記述に関しては「神の宴・神の形而上学」（『バッハ「聖なるもの」の創造』丸山、春秋社、2011 所収）250 頁以下を参照。

18. ibid. Olearius IV S. 68

19. マタイ 21,1 - 9 に描かれたキリスト・イエスのエルサレム入城のシーンをバッハは『マタイによる受難の音楽』第 1 曲で描き、その中にコラール "O Lamm Gottes unschuldig" を嵌め込んでいる。このコラールはミサ・テキストの Agnus Dei のドイツ語訳であって、いま来ます「異邦人の救い主」Heyden Heyland → Lamm Gottes＝Agnus Dei をバッハは e Moll を取って「受難」の構想の下に捉えたのであった。第 1 曲の詞は語る――神の子羊、Agnus Dei、自ら十字架の木を担って、世のあらゆる罪の犠牲となった…。

　他方、同じく到来される Agnus Dei であってもこれを異なる相の下に読んで『ヨハネによる受難の音楽』では「主」Herr として g Moll でその形姿を刻んでいる。「主よ、受難の最中にあっても栄光を現わしたまえ…」。

　何か或るひとつの音を中心とする音空間を或る在るものの存在の位相としてバッハは構想したと言えるであろう。

20. 「万般の豊かな知識」——『弁論家について』（岩波書店、「キケロ選集」7 所収、大西英文訳）。原文は "rerum enim copia..." 「万象の（語る）事柄の豊かさ…」。察するに「事柄そのものに備わる豊かさが（それを手中に収めていれば）弁論に華 ornamenta を咲かせる」ita facile in rerum abundantia ad orationis ornamenta.... delabitur ということであろうかと思われる。

　事柄に備わる豊かさは、それを知覚し得る人間の能力を俟ってはじめてその豊かさを人の前に露わにする。バッハの『フーガの技法』の 4 音のテーマに内在する豊かさはバッハの「学術」によって豊かな華を咲かせて「作品」となった。

　なお、「キケロ選集」7 の訳者による解説、特に 490/491 頁はバッハの音楽世界について学ぶ者に豊かな示唆を与えてくれる。

21.　キケロ『発想論』、片山英男訳、『キケロ選集 6』岩波書店、2000、2頁

22.　Werckmeister, Andreas. *Musicae mathematicae hodegus curiosus*, Leipzig. 1687, Reprografischer Nachdruck, Georg Olms Verlag, Hildesheim, 1972

譜例集

【譜例 1 】

a）Inventio 6 T. 1〜

b）『ロ短調ミサ』グローリア〜第 11 曲

Corno da caccia=「狩のホルン」（譜 1-b →譜 1-a バス）は栄光のキリストの到来を告知するに相応しい。バッハの「楽器法」における卓抜な楽器のイコノロジーの一例である。

天空の隅々に鳴り響いて人々を狩るラッパ、狩りのホルン Corno da caccia による図像の出典は「マタイ福音書」24，31。最後の審判を予告する「天使のラッパ」であり、その響きは死者の霊を狩り集めるに相応しい（図版 3 を参照）。

『ロ短調ミサ』の"Quoniam"は復活・昇天後の天上のキリストを告知する"Qui sedes"に続く。詞の流れからすれば、"Quoniam"は"勝利の子羊"（Agnus Dei）を指すことになる（図版 2 を参照）。きわめて叙事的な figura である（譜例 13- d 参照）。

　クリスマス第一祝日のための 1714 年の作と考えられる。
BWV61 と同年の作であり、アドヴェントに到来する「異邦人の救
い主」をめぐる降誕を讃美して音調は壮麗であって、後年の『クリ
スマス・オラトリオ』第 1 部冒頭（譜例 3）に直接する。バッハに
は創作の時期区分は殆ど存在しないことの証明たり得るであろうか。

　テキストの「至高者」Höchster はミサのグローリア章及びオザ
ンナの「いと高きところの栄光の神」Gloria in excelsis Deo に等
しい。トランペット→オーボエ→弦→通奏低音の流れはまさしく
「天と地に満ち満ちてくるその栄光」pleni sunt coeli et terra をそ
のままに響かせて、時の充溢を告げるに充分である。

【譜例3】 『クリスマス・オラトリオ』 第1部〜第1曲 T. 29〜

【譜例4】カンタータ BWV151〜第1曲 T.8〜

カンタータ BWV151 はクリスマスの第三祝日（12月27日）のためにまとめられた。同一の祝日のための BWV64 とテキスト上の関連性を示している。バッハの諸作における figura と並行する単語ないし文言のネットワークの一端をここに見ることが出来る。

カンタータ BWV64 の神が示した「愛」が、BWV151 では「甘い慰め」とされ、さらには「甘き十字架」（『マタイによる受難の音楽』アリア57）へとネットは広がる。天上的、神聖なものの働きを「甘美なもの」として捉えるルネサンス的プラトン主義的考えに立つものであり、人に示された神の「愛」は降誕として、また魂の救いとして、あるいは「十字架」を担う「イエスのまねび」Imitatio Christi として表現されている。

BWV64 の基調である e Moll は BWV151-1 では中間部に用いられて「心と魂」の甘美な歓びを担い、聖なる霊の働きを歌って飽きることのないフルートを「愛」のオーボエ Oboe d'amore が支える。ABA、ダ・カーポの形の A は8分の12拍子、羊飼いキリストを描くパストラーレ。da capo は「頭において」の意に読むことが出来る。「頭」はむろん教会の頭にして要石のキリストであり、羊の群れの「頭」である羊飼いのキリストを指している。

【譜例5-1】 『クリスマス・オラトリオ』〜第1部冒頭頁　自筆譜

地上の国（ローマ帝国）

　バッハ音楽の検討は常に原典＝自筆譜（ファクシミリ）に基づいて
なされるのが望ましい。現在の市販譜から欠落した情報（＝作曲意
図）がそこにはある。
　上段は第1曲の冒頭、下段はその第2曲。

【譜例 5-2】『クリスマス・オラトリオ』 第1部〜第1曲冒頭〜

　　歌うティンパニ。バッハの卓抜な楽器法を示す好例のひとつ。「す
　ると突然天使の群れが天空に現れて讃美の歌を歌った」というルカ福
　音書による「浄められた夜」の奏楽を描いて充分である。

【譜例6】カンタータ BWV 63 ～第7曲 T. 13～

　バッハ作品に見られるバスを欠いた作法の一例。地上（＝バス）から離れて浮
遊する天空の響き。『マタイによる受難の音楽』のアリア（49番）はその典型。
鍵盤作品にも使われているが、多くの場合、自筆譜（ファクシミリ）でないと判
読が困難である。

　ベートーヴェンも晩年の諸作にこの響きを用いている。

　バス・通奏低音は 14～17+ の小節に亙って黙して語らない。見えざる神の働
きを表すこの間の時は8分音符で40になる。40は聖書の中で何回か、重要な
役割を担っている。例：出エジプト記 34,27・28＝モーセはこの間に神との契
約を結んだ。他にマタイ 4,2 etc.

　ソプラノ・パートに歌われる re－do－♭si－la＝ギリシアのドリア旋法によるラ－ソ－ファ－ミはバッハの音楽におけるキリストの figura でもある。「身を低くする」は人の姿であり、かつ十字架を担う Agnus Dei＝神が「身を低くする」ことでもある、とバッハは語る。ミサのことをドイツ語で Gottesdienst という。これは人が行う「神のための奉仕」であり、かつ神が行う人のための「神の Gottes 奉仕 dienst」である。

　40 は天空＝10 の隅々に至る十字架＝四をも表す。天空の四隅にまで張り巡らされた十字架の、教会の祭壇の上部に描かれた十字架の天空はまさに地上へと身を低くする十字架の神の奉仕の表象でもある。

【譜例7】カンタータ BWV 61 ～第4曲 T. 1 ～

【譜例9-1】『ロ短調ミサ』クレド 〜第17曲 クルチフィクスス T.6〜

【譜例9-2】Inventio 7 T.1〜

譜例7＝笞打ちの音を描出。楽譜に記号は示されていないが、バロック時代の奏法から判断してアルペッジョが望ましい。それによって音画はより鮮明になる。

譜例8（譜例7の3小節目、バスのパート）はベートーヴェンの第5交響曲で有名な「扉を叩く音」のfiguraに一致する。

譜例9—2　ソプラノ、1小節目2拍目のe音の前に#dを付加すると、『ロ短調ミサ』の「受肉された」et incarnatus estに重なる。

【譜例10】カンタータ BWV 36 〜第 2 曲 T. 1 〜

fis-fis, #e-a を結ぶと十字架型になる。
音名 fis は十字架の歳「33」を示す。

【譜例11】カンタータ BWV 36 〜第 5 曲 T. 1 〜

【譜例12】

a）『マタイによる受難の音楽』〜第 45 曲 b ＝第 50 曲 b

b）Das Wohltemperirte Clavier I. 〜 cis Moll Fuga

譜例 12　a）イエスを「十字架につけろ」の詞をそのまま音型とした十字架の figura

　b）のフーガは 39 小節でまとめられている。曲の最後にバッハは筈打ちの数「39」を自筆譜に書き記している。

　フーガの原語はギリシア語。一般に使用される「逃げる」の他に「救い出される」の意もあり、プラトン主義的に捉えれば魂が肉体の牢から逃れてイデアの、理想の国へと救い出されることを表明することになる。ミケランジェロの彫刻にこの「フーガ」は刻まれている。バッハその人もまた失明した終の日に口述させてコラールの「歩んで私はいまあなたの御座の前に立たせて頂きます」を筆記させたのであった。こうしてバッハは逝き『フーガの技法』は切断されて終わった。

　cis Moll Fuga の冒頭、3 回目の十字架のテーマの入りによって cis–gis–cis のオクターヴを成す十字架＝Creutz＝…is の宇宙は出現する（BWV71 に関する記述、32・33 頁参照）。

　第三の入りまでは 2/2 で二分音符 ×13 であって「14」の時に待望される十字架のキリスト＝30 歳＝cis・30 は訪れ来る。

　十字架の大地＝C を超える十字架の天空へと救い出され引き上げられる「…is」による上昇 anabasis.

　cis（30）＋gis（34）＋cis（30）＝94 を成す「三」回の入りは即ち 282＝「受苦されて葬られた」passus et sepultus est であって、94＝47×2 の「2」はキリストの「受肉」を「47」は「神」Deus を指す。即ち神の受肉、神の十字架は地上を超えた「神の国」であって「…is」＝27 は 27 書巻の合本である「聖書」を指す。ここに描かれた「神の国」は 27 書巻による「聖書」に記されているとバッハは語る。

　cis Moll Fuga の「対句」contrapunctus を成す、天空から下降する「天のエルサレム」は 36・72・88 の各小節「数」によってその到来は告げられている。まさしく哲学と神学と宇宙論を一体とした「十字架のフーガ」である。

【譜例 13】Inventio 6 とコラール

a）Inventio 6 T. 21 〜

b）コラール 1 ＝ カンタータ BWV 61 〜第 1 曲

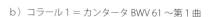

c）コラール 2

c′）『クリスマス・オラトリオ』第 2 部〜第 23 曲 コラール

d）『ロ短調ミサ』グローリア〜第 11 曲 T.1 〜

譜例 13—d 『ロ短調ミサ』グローリア章の一部 Quoniam tu solus sanctus への付曲。5 小節目の fis は中世的伝統によるムシカ・フィクタと考えられる。6 小節目の ♮ f の強調のためであり、5/6 小節にわたるラーソーファーミ＝ギリシア旋法のドリア調による "Sanctus" 聖なるものの表現を浮かび上がらせる。ギリシアのドリア旋法は太陽神＝太陽神キリストを表わす（PART II、註 7-1、164 頁参照）。栄光の、勝利のキリストの figura としてこの 4 音の「型」はバッハの諸作に用いられている（譜例 1-b 参照）。

【譜例14】『ヨハネによる受難の音楽』〜第30曲 アリア

　Es ist vollbracht——それ（神の計画）は遂行された／満たされた。これを歌う figura は 1 小節目に提示される。豊かに飾られた動きの核をなしているのは『ロ短調ミサ』の「受肉」et incarnatus est の figura であって、「計画」と「受肉」の一体化が表明されている。
　テキストは「ヨハネ福音書」19, 30。ギリシア語聖書ではこの後に「魂を差し出した」の詞が続くが、ルター訳では「亡くなられた／息を引き取られた」に変更された（ルカ 23, 46 を参照）——十字架の死を

　悼む響きの背後に、受難の終焉が告げる訪れ来る「平安」pax Domini
の深い喜びが密かに流れる「魂のアリア」である。

【譜例15】『マタイによる受難の音楽』～第27曲 b T. 101～

【譜例16】Inventio 6 T. 32〜

【譜例17】Inventio 6 のエレメント

　在るものは、或るものを「在る」と言い得るに足るべき存在根拠に支えられて、
はじめてそれは「在る」と言い得る。人に与えられた能力に測って人に捉えられ
るべく、存在根拠は種々の形態を取ることになった。例えば「四元素」によって、
あるいは「ロゴス」によって「宇宙」は在ると言い得る。

　バッハは好んでその存在根拠、即ち宇宙的原形態＝エレメントを「ドリア」の
テトラコルドに、また「コラール旋律」に求めて自らの「作品」を根拠づけた。

　エレメントはつまるところ或るものを「在るもの」とするために要請されて
「投影」された、根源を成すもの、言葉を換えるなら「神」あるいは「イデア」
の「映像」＝「エイコーン」であって、ヨーロッパの中世以来、もしくは遡ってプ
ラトン／アリストテレス→キケロ『スキピオの夢』… 宇宙の調和＝宇宙のハル
モニアはやがて一対の、二つのあるいは三声の形態をとって音楽化されることに
なった。バッハに先立つ時代に天文学者として音楽論をまとめたケプラーはこれ
を「対位法」contrapunctus と呼んだ。上の譜例は「インヴェンチオ」であって
対位法でもなければフーガでもない。だがそれにもかかわらず、これこそが磨き
上げられたバッハの「対位法」の技 ars を伝える「contrapunctus」以外の何も
のでもない。二つの声が響かせる美しい、至純の調和＝神のエイコーンである。

## Inventioのエレメント

Nr. 1

『ロ短調ミサ』より

グローリア～第7曲 Gratias agimus tibi

第4部～終曲 Dona nobis pacem

Nr. 2

コラール

Je - su, mei - ne Freu - de, mei - nes Her - zens Wei - de,
ach wie lang, ach lan - ge ist dem Her - zen ban - ge

Nr. 3

Nr. 4

Nr. 5

『クリスマス・オラトリオ』第1部〜第5曲 コラール

Soprano
Flauto traverso
Instr. : tr

Wie soll ich dich emp - fan - - - gen und wie be - gegn' ich dir ?
O al - ler Welt Ver - lan - - - gen, o mei - ner See - len Zier !

オリジナル型

{ O Haupt voll Blut und Wun - den, voll Schmerz und vol - ler Hohn; }
{ o Haupt zum Spott ge - bun - den mit ei - ner Dor - nen - kron; }

Nr. 7

Nr. 8

Nr. 9

Nr. 10

Nr. 11

Passu duriusculus（十字架への歩み、重い足取り）

Nr. 12

Nr. 13

Nr. 14

Nr. 15

## Sinfoniaのエレメント

Nr. 1

Nr. 2

Nr. 3

Nr. 4

**Nr. 5**

**Nr. 6**

Nr. 7　エレメント（×）及びコラール（↓）

『クリスマス・オラトリオ』第1部～第4曲 T. 17～

コラール

{ Wer nur den lie - ben Gott läßt wal - ten und hof - fet
{ den wird er wun - der - bar er - hal - ten in al - ler

auf ihn al - le - zelt. }
Not und Traurig - keit. }   Wer Gott, dem All - er höch - sten,

Nr. 8

Nr. 9 と Passus deriusculus＝Inventio 11 及び suspiratio（↓）

Nr. 10

Nr. 11

Nr. 12

Nr. 13

Nr. 14

Nr. 15

*Finis*

【譜例 20】

## 『マグニフィカート』関連譜

a）『マグニフィカト』BWV 243a 〜第 2 曲 T. 8 〜

　バッハの生きた世界にあって表現は人の内なる存在領域に立つものであった。外に向かっての、外的な表現が彫りの浅い叫びに終始せざるを得ないのに対して、バッハの音楽は内的な魂の諸相・諸層が渾然として一体を成して筆舌に尽くし難い。逝ったものへの悲しみを歌うラメントの中に新たな生命から射し来る輝きは内在し、また逆に哀歌は響いて降誕の喜びに落とす影は歓喜を切って鋭い。

　人の心の喜怒哀楽の、即ち魂の種々に揺れる様相・アフェクトは常に内在的なものであればこそ、聴く人の魂を、時を超えて揺り動かして止まない。

　E Dur Inventio に Magnificat は在り、Magnificat にはラメントが静かに歌われて心の慎みを添える。古来、人は聖なるものへの「畏怖・慎み」を religio と呼び、それを「聖なるもの」と人を結ぶもの＝religio＝宗教的なるものと考えて来た。その在るべき姿を求めてバッハの筆は紙上を走ったのだ。

　だがそれでも、重ねて注意は喚起されねばなるまい。アフェクトは、バッハの筆の響きは「私事」に属するものではないからである。

　ラメント（Part II・註 7 参照）を奏して表層の「悲しみ」は即ち超えられなければならない。内的なものでありながらも個人の悲しみに堕ちてはならない。

ラメントは壮麗にして荘重な響きを必要とするものであるからである。

　その響きは、いま二様に捉えうる。ひとつは問いに関わる——何故、ラメントの figura は必要とされたのか。他のひとつはその問いを具体化するための演奏法ないし表現法に関わる。

　ラメントについて考えるに際して、その手がかりとして挙げうる、恐らく最適の事例は旧約の「哀歌」である。闘いに敗れて壊滅させられた都エルサレムの惨状を目の当たりにして、エレミアが訴えたのは、怒る神の力の偉大さであった。神への畏れ——それこそがラメントである。

　人の存在は常に、人智を超えた怖るべき力に直面している。その力を、しかし人間は無意識の内に、ときには意識して、忘却の淵に堕して日々の歓楽に溺れている。その人間の、心の目を醒ますに足る荘重な響きをラメントの figura は要求する。

　バッハの「序曲」は単なるいかなる意味においても「フランス様式」ではない。到来する「王」たる「神」のためのラメントである。古代ギリシアにおいて、突然に襲い来る激しい嵐を引き起こす「力」を人は「神」と呼んだ。

　今日の大方のバッハ演奏にはか細い「悲しみ」は響いても壮麗な「ラメント」は存在しない。今日に到る歴史上の、どこで人の魂は矮小化を成し遂げたのか。

　名付けて『序曲』BWV831 と呼ばれる鍵盤楽器用の「フランス序曲」の冒頭に高く響いて、聖なるものの声は人の在ることを射し貫く。それ故に、と言い得るであるうか、聖なるものに撃たれた人の畏れには崇高なものがある——そのように演奏はなされてはじめて、曲の終末に「144」としてその姿を現す天のエルサレムは輝いて壮麗を究めるのに。

　譜例 i に示された『ヨハネ…』第 1 曲の冒頭には「*p*（甘美に）」奏せとは記されていない。何故『ヨハネ…』は畏れに充ちて崇高かつ壮麗であってはならないのか。『ヨハネ…』こそ、いや、これに象徴されてバッハの音楽にあっては、かつて哲学が求めて止まなかったように、個を包んで存在する「普遍の魂」を衝く「在って在る聖なるもの」が語り伝えるアフェクトが問われなければならないからである。

b）『マグニフィカト』BWV 243a 〜第6曲 T. 1〜

c）カンタータ BWV 12 〜第2曲 T. 1〜

d）『ロ短調ミサ』クレド〜「十字架につけられた」

e）シンフォニア９ T.1〜

f）『マグニフィカト』BWV 243a〜第10曲 T.1〜

g）『マグニフィカト』BWV 243〜第 10 曲 T.1〜

h）『マグニフィカト』BWV 243a ～第4挿入曲 T. 1 ～
　　ギリシア旋法「ドリア」による「エッサイの花＝キリストの神性」同一型

（Basso）

ⅰ） 『ヨハネによる受難の音楽』 ～第1曲 T.8 ～
Passus duriusculusによる「二性」もしくは「二つの王国」

## あとがき
### バッハへの道を辿って


　或るときに「ことば」が人に臨んだ。

　人は日々に言葉を使い、言葉によって生きている。にもかかわらず「こと
ば」と呼ばれるものが人を襲い捉えた。

　古代ギリシアで、人はそれを「神的な狂気」の訪れとして捉えた。この狂
気が誰のものであるのか。それは不明である。明確なことは、人智を超えた
ものが人に触れて「ことば」であったということであって、ギリシアの人々
はそれを「聖なるもの」の働きと解して了解した。プラトンも自らの著作の
中で「神的な狂気」について述べている。

　察するに「ことば」は言葉と異なって人がこれを自由に、自らの意志や希
望によって操ることが出来ないものである。だからこそ、それは訪れ来ると
いわれる。訪れ来て「ことば」は人に二様の道を提示した。一方で「こと
ば」は詩となり、また別のときに言葉を手にして人は「ことば」の解明に立
ち向かった――「詩」と、他方の領域において「哲学」は成立した。だがギ
リシアにあって、詩と哲学は堅く手を結んで双生児の観を呈した。哲学者は
即ち詩人であった。

　「在るものと考え得るものとは同一のものである」――神話を語ってパル
メニデスは哲学の詩を記した。


　聖書と呼ばれる書の中で「神聖な狂気」は幾度か人を衝いた。衝かれて人
は「詩」でもあれば「詩」でもなく「哲学」でもあれば「哲学」でもない第
三の言葉を発見してヨハネはそれを「ロゴス」と名づけた。やがて「ロゴ
ス」は Verbum と名を変えて聖書に現われた。これを人は「言葉」と呼ぶ
ことになった。ルカは人にその姿を現す「言葉」の訪れを天使に託してマリ
アに、そうしてまた野の羊飼い達に告知はなされた。旧約においても「主な
る神の言葉がエレミアに臨んだ」という。この第三の「言葉」を擁して「神

学」は体系づけられることになった。

　極めて抽象的な目を備えていたのか、ピュタゴラスは世界・宇宙の、一切の根源をなす数的法則を見ることになった。思えば奇妙な現象ではあろうか——「詩」も「哲学」も「神学」も、ピュタゴラスの数的法則から外れることはなかった。

　或るときに、バッハと呼ばれるひとりの人間に「数」は響いて「音楽」は与えられた。バッハが手にした「音楽」は三重の言語を統括してはじめて成立するものであった。言うなればピュタゴラスの戒律に従うバッハの「音楽」にはピュタゴラスとプラトンと、エレミアとヨハネ、ルカ etc. 何人もの人が住んで多言語国家の様相を呈している。

＊

　1998年にバッハの音楽は私の前で新たな響きを奏でた。偶然にバッハの『無伴奏ヴァイオリンのための音楽』に関する解析を読むことになった。ドイツで出版されたその解析は「無伴奏ソナタ」の g Moll に関するもので、ケーテンのバッハ叢書　第7冊。記されたのはデュッセルドルフ、ロベルト・シューマン音楽大学のヴァイオリン科の教授、女流ヴァイオリニストのヘルガ・トエネさんであった。

　古代からの伝承に立つゲマトリアと呼ばれる数の象徴法と、ルター派教会のコラールとの、双方によって形成される音楽的かつ神学的論理的体系——トエネさんが解析されたのはバッハに臨んだ「音楽」の構造であった。

　一見して教会の讃歌であるコラールと数は容易には結びつき難く思われるであろう。だが、そうした外見にもかかわらず神学の「ことば」を歌にしたコラールが告げる事柄は、ゲマトリアの「数」によって異なる視点から捉えられて新たな照明の下に新たな響きを歌って、二者の間にはいささかの乖離も存在しはしなかった。しかし思えばそれは何故、一根双樹であるかのように相互的に合致して、合致しなくはないのか——トエネさんにも恐らくは「神的な狂気」が訪れたに違いあるまい。その解析が明らかにした数の世界は、不思議なことにローマ・カトリック教会の典礼に用いられるラテン語の式文が告げるところのものであった。ルター派の教会で、ドイツ語のテキス

トを用いて日々にカンタータをまとめたバッハの思索の構造は、何故ラテン語のミサ典礼式文の告げる事柄に合致し得たのか。あるいはエレミアに臨んだ「ことば」が、また羊飼い達を覆った「ことば」がラテン語式文となって、バッハの存在の根底に深く滲透して生涯を貫いたのか。創作の初期にあって既に、バッハは「人の耳には聴こえなくとも」（詩篇19）ラテン語のミサ式文をルター派の教会のために響かせていた——これも偶然に、ヴァイオリニスト・指揮者としてトエネさんの研究を演奏の面から支えたクリストフ・ポッペン氏の紹介でトエネさんにお会いして研究の経緯について、またその方法論について私は教えを受けた。今回の『インヴェンチオのコスモロジー』も、トエネさんが蒔かれた種を私が育てたものである。細やかな謝意を表して本書を献呈させて頂くことになった。

　ローマ・カトリック教会の信仰の中で、ラテン語式文は絶えず響いてトエネさんの血肉の一部であったという。ヴァイオリンを弾かれて或るときにふと、何か衝くものがあってバッハの楽譜に新たな世界を見て、研究は緒についたと言われる。以来、g Moll に加えて d Moll と a Moll、さらに C Dur の各曲の解析は公開されてドイツでは版を重ねている。その功績はデュッセルドルフ音楽大学からの博士号の授与という形でも讃えられている。

　回を重ねて日本においで頂いて講演とレッスンをお願いさせて頂く機会も持つことが出来た。或る講演の後でお茶を差し上げることになり、カフェで珈琲を注文された。運ばれた珈琲に、店員に「お塩も」と言われたのが記憶に残る。塩味の珈琲——それは美味なのだという御意見であった。
　数年前から『フーガの技法』の解析に挑まれている。御高齢に関わりなく、バッハの道を歩まれている。その研究の一日も早い完成が待たれる。

＊

　一冊の書にはひとりの人間の「個」にも相当するものがあると言えるであろうか。原稿を書いて印刷すれば書になるわけではない。厖大な、編集作業と呼ばれる過程を経て一冊の書は完成されて書店の書棚に並べられる。社会人としての書の第一歩はここから始まる。

執筆者としての、恐らくは異例とも言えるであろう幸運に私は恵まれた。ひとりの著者がひとりの音楽家について、回を重ねて書をまとめる機会を頂けたのは春秋社の神田明社長の深い御理解と編集作業を一貫して担当された高梨公明君のお陰である。お二人には幾ら言葉を重ねても感謝の念を伝えさせて頂くのに充分足り得ない。

　春秋社で、幾分なりともまとまった音楽論を出版させて頂いたのは 1984 年であった。前々年からハンブルク大学の音楽学部でコンスタンティン・フロロス教授の指導を受けて帰国。そのときの研究は『プロメテウスのシンフォニー　精神史としてのベートーヴェン』としてまとめられた。このときから編集作業は高梨公明君に委ねられて今回の『インヴェンチオのコスモロジー』に至った。面倒な索引の作成はいうまでもなく、書名をも考えて下さった書の名付け親として高梨公明君は私の研究を支えて下さった。奇しくも定年を迎えられて本書が春秋社での最後の編集になるという。

　編集者の存在は出版社にとって、また著者にとって、絶大な意味を持つばかりではない。ひとつの時代の文化の礎を担うのも編集者である。ひとりの編集者の存在には社会の在り方を左右するに足るものがあると言わねばなるまい。在籍中に手掛けられた多数の書籍——春秋社における高梨公明君の果たした日本の音楽文化に対する役割は改めて評価されて然るべきであろうかと思われる。これまでの感謝と今後の期待を兼ねて、高梨君の席を継承される次代の編集者の御活躍を祈り上げます。

　バッハの楽譜の解読は、率直に記して困難を極める。しかし、かつてバッハが歩んだ道を一歩なりとも歩むことがやがては「詩」と「哲学」と「神学」とが渾然として一体をなしたバッハの手によってまとめられた「音楽」の体系を通じて、人間の精神の到達し得る高みに至ることの喜びをもたらしてくれる筈である——額に汗して人間は、人間とは何かを知解するべく万有の中に置かれた一介の動物にすぎない。問うて、しかし私はその道の何歩を運んだのか。歩数は遂に不明のままに終わるであろう。明らかなことは只の一点である。明日に歩くべき道は既に存在している。

2020 年の初夏の緑の中で著者記す

# 索　引

事項・人名・作品

→ を見よ／⇒ も見よ

**著者略歴**

**丸山桂介**（まるやま　けいすけ）

　1943年、東京生まれ。日本大学芸術学部音楽科卒（専攻・楽理）。ハンブルク（1982年）、シュトゥットガルト／ライプツィヒ（1986／87年）でバッハ、並びにベートーヴェン研究。現在はフリーのバッハ研究。私設講座の「バッハの学校」を主宰。各地での講演等を通じてバッハの音楽とそれを支えるヨーロッパの精神史の関係についての講義を行っている。

　著書に『バッハと教会』（音楽之友社）、『プロメテウスのシンフォニー──精神史としてのベートーヴェン』『ウィーンのモーツァルト』『バッハ　ロゴスの響き』『神こそわが王──精神史としてのバッハ』『バッハ「聖なるもの」の創造』（以上、春秋社）などがある。

## バッハ　インヴェンチオのコスモロジー

| | |
|---|---|
| 発　行 | 2020年7月20日　初版第1刷 |

| | |
|---|---|
| 著　者 | 丸山桂介 |
| 発行者 | 神田　明 |
| 発行所 | 株式会社　春秋社 |
| | 〒101-0021　東京都千代田区外神田2-18-6 |
| | 電話　03-3255-9611（営業）03-3255-9614（編集） |
| | 振替　00180-6-24861 |
| | https://www.shunjusha.co.jp/ |
| 譜例浄書 | 株式会社　クラフトーン |
| 印刷製本 | 萩原印刷株式会社 |

© Printed in Japan, 2020　　　　　　　　　定価はカバー等に表示

ISBN 978-4-393-93799-0

# 春秋社

| 著者 | タイトル | 価格 | 内容 |
|---|---|---|---|
| 丸山桂介 | バッハ 「聖なるもの」の創造 | 4200円 | バッハは「聖書」をどう読み込んでいたか。『マタイ受難曲』『ロ短調ミサ』等の作曲に込めた思い…。長年の聖書研究から導き出された"神学者バッハ"像を綿密、広大に描く。 |
| 久保田慶一=編／江端信昭、尾山真弓、加藤拓未、堀朋平 | バッハ キーワード事典 | 3500円 | バッハの音楽は西洋音楽のあらゆる要素に満ちている。楽典・楽式・ジャンルから作曲・演奏法まで、バッハの音楽構造をよく知り、演奏に生かすための用語をきめ細かく解説。 |
| 松原 薫 | バッハと対位法の美学 | 3500円 | 18世紀を通じて「対位法」はどのように理解されたのか。同時代の音楽美学を丹念な読解によって、バッハが「対位法の巨匠」として称揚・顕彰された背景をあぶり出す。 |
| 樋口隆一 | バッハから広がる世界 | 3500円 | バッハ研究と音楽学研究のトピックスを集成した論考集。バッハ学最前線の話題のみならず、シェーンベルクをはじめとする新ウィーン楽派のバッハ受容の諸相を浮き彫りにする。 |
| 樋口隆一 | バッハの人生とカンタータ | 1900円 | バッハの生涯をコンパクトにたどりながら、カンタータや受難曲のすばらしさを紹介。時代を超えた普遍のメッセージを汲み取る。最新の研究成果も盛り込んだ格好のバッハ入門。 |
| C. ヴォルフ／礒山雅（訳） | バッハ ロ短調ミサ曲 | 2500円 | 《マタイ受難曲》と並ぶバッハ音楽の最高峰——晩年の集大成としてまとめあげられた経緯と謎、豊かな創造の源泉に迫る。世界的なバッハ学者の最新研究を踏まえた労作の全訳。 |
| M. ラータイ／木村佐千子（訳） | 愛のうた ——バッハの声楽作品 | 2500円 | 受難曲やオラトリオなど、バッハの大規模な声楽作品を、時代背景とともにわかりやすく解説。音楽を通して生き生きと描き出されたキリスト教における「愛」の形を再発見する。 |
| M. モラール／余田安広（訳） | ライプツィヒへの旅 バッハ＝フーガの探究 | 3500円 | バッハ鍵盤音楽の最高峰《平均律クラヴィーア曲集》、その多彩・雄弁なフーガ書法の特徴をわかりやすく説く。精密に設計されたカレイドスコープのごとき対位法芸術の真骨頂。 |
| D. G. テュルク／東川清一（訳） | テュルク クラヴィーア教本 | 8000円 | エマヌエル・バッハに続く十八世紀後半の音楽理論家による古典的名著。楽典、運指法、装飾音、演奏表現、指導法など、古典派・ピアノに限らず、広く音楽を学ぶ人のための必携書。 |
| 寺西 肇 | 古楽再入門 ——思想と実践を知る徹底ガイド | 2800円 | 古楽復興の立役者達が世を去りつつある今、彼らが目指した革命とは何だったのかを振り返り、音楽の本質をさぐる好著。録音・映像・書籍など、聴くべき／読むべき資料も網羅。 |

価格は税別